年収300万円から脱出する「転職の技法」

森田 昇
MORITA Noboru

日本能率協会マネジメントセンター

はじめに　転職こそが、最強のソリューションである

はじめに質問です。
皆さんは、次のうちどれが年収アップに最も効率的だと思いますか？

Q1　年収アップに最も効率的なものは？

①転職
②副業
③投資

もしかしたら、②副業や③投資と答えた人も多いかもしれませんね。
最近の「副業解禁」や「貯蓄から投資へ」といった国が掲げるスローガンの影響で「副業や投資だったら自分にもできるかも。空いた時間にネットでできる副業も増えているし、〝つみたてＮＩＳＡ〟もあるし」と考えてしまいがちな風潮があります。

「転職で年収アップするのか？」と疑う人もいるでしょう。

「転職で年収アップできる人＝仕事がデキる人」というイメージもあるかと思います。「社内表彰されてヘッドハンティングが来る人材じゃないとダメなのでは？」という感覚。

でも実は、そんなイメージ自体が誤解や偏見、思い込みといった類です。

年収アップする転職は、仕事がデキる人だけのものではありません。今の年収1，000万円超でも、できない人はできないのです。「できない人」というより、「正しいやり方を知らない人」ですね。そういう人が無理矢理転職すると年収がダウンしてワークライフバランスも崩壊します。

一方で、今の年収が300万円で、仕事ぶりも会社から全然評価されていない人であっても、やり方を間違えなければ転職で年収を100万円〜300万円アップできますし、ワークライフバランスも手に入れられます。

もちろんこれは、今の年収が400万円や500万円、それ以上の人にも当てはまります。この本で紹介する「転職の技法」を知っておけば不可能な話ではありません。

というわけで、問題の正解はもうお分かりですね。

A.「①転職」です。

転職こそが、年収アップの最強のソリューション、解決方法です。副業や投資のように時間や労力をかけることなく年収アップを実現する、最高にタイパとコスパが良い方法です。

副業や投資はとにかく時間がかかります。時給で働く副業でない限り、どちらも結果が出るまで数年は費やしますし、また結果が最低賃金を下回るどころか収支マイナスになることもあります。仕入れや資産といった元手もかかります。副業や投資というのは、こと年収アップの視点からはタイパとコスパが悪過ぎるのです。

その点、転職は時間も元手もかかりませんし、結果も正しいやり方で行えばマイナスにはなりません。労力も就業時間内外の隙間時間を使えば、負担がかかりません。

実は、転職による労働移動の円滑化と人材の流動化はこの10年間、国が推し進めている政策でもあります（日本再興戦略－ＪＡＰＡＮ ｉｓ ＢＡＣＫ－（平成25年6月14日）の中で、「行き過ぎた雇用維持型から労働移動支援型への政策転換（失業なき労働移動の実現）」が謳われる）。副業や投資の推進よりも先に取り組まれていたんですね。

また、転職は今まさに皆さんが直面している数々の悩みを、すべて解決してくれる唯一の方法でもあります。

ここでもう１つ質問です。

Q2 転職で得られるものは？

①年収アップ
②有名企業への入社
③職場の温かい雰囲気と心地良い人間関係
④フレックスタイムや裁量労働制等の時間的自由
⑤テレワークでの空間的自由

⑥やりがいがあるチャレンジングな仕事
⑦ワークライフバランス
⑧圧倒的なスキル
⑨管理職・マネジャー経験

皆さんが今この瞬間、会社や仕事で悩んでいることを想像してみてください。

A．すべてです。

1回の転職ですべてを得ることは難しいかもしれませんが、間違いなく改善はできます。皆さんが抱えている悩みは転職でこそ解決することができるのです。

「いやいや、今の会社で結果を出して昇進すれば、これらはいずれ手に入れられるのでは？」と考える人もいるかもしれませんが、副業や投資と同じで昇進もタイパとコスパが悪いのです。①以外は会社自体の変革にもなるので、社長にならない限り一社員の立場では困難を極めます。

社内で共感者を集め、チームや部門間・経営陣ともコミュニケーションを広げて改

図1 「業界×職種」で年収は決まる

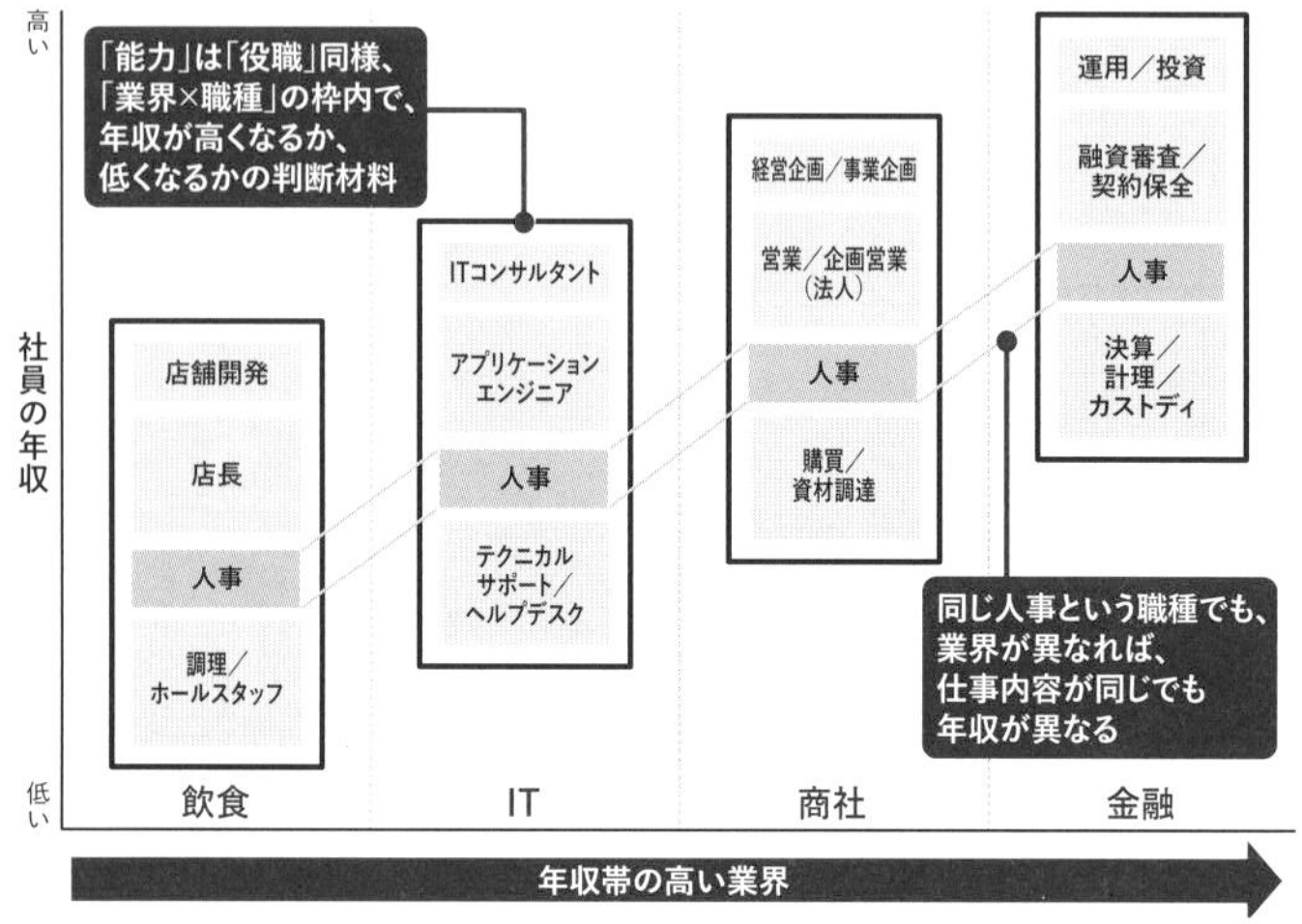

革の火種を燃え上がらせるには、多大な時間と労力と、元手がかかる場合もあります。そもそも社長まで成り上がるのはさらに困難です。

残りの①年収アップについても、昇進ではすぐに限界を迎えます。詳しくは**第1章**で説明しますが、社員の年収を決定づける最も大きな要因は「能力」ではなく「業界」だからです。「業界」に属する会社での「職種」とのかけ算「業界×職種」で年収の大枠は決まっています（**※図1**）。細部では商品の差や企業規模といった要素も関わってきますが、大半は「業界×職種」で決定されます。「能力」はその大枠内でどの役職や地位にいられるかの判断材料に過ぎないので、圧倒的に重要なのは、皆さんの会社が所属する「業界」です。

どんなに能力を磨いて昇進しても、そもそも年収が低い業界（観光や飲食、介護等）では社長にでもならない限り、年収が高い業界（コンサルや金融、エネルギー等）の社員の年収には逆立ちしても勝てません。同じ業界や職種、ポジションにいる限り1００万円単位の大幅な年収アップは見込めません。そういった構造なのです。

この本で紹介する「転職の技法」とは、この構造を把握しつつ、「業界」と「職種」、そして**第3章**で説明する役職と会社の「ポジション」を、今の会社の位置から〝ちょっとだけ〟スライドする**「ちょいスラ転職」**という方法です。

もしかしたら、皆さんが想像している、「転職で人生一発大逆転！　脱年収３００万円！　ようこそ年収1，０００万円の世界へ！」というイメージとは、少々違っているかもしれません。

転職後に、

・年収1，０００万円超のエリートサラリーマンに

・いつでもどこでも好きなことを好きなだけする仕事で
・気の置けない仲間たちと毎日楽しく笑顔でパーティーピーポー
といった生活が待っているイメージは、あまり期待しないでください。不可能ではないですが、１回の転職だけでは難しいのが実情です。

ですが、これだけは約束します。

タイトルにもある**「年収３００万円からの脱出」**です。それ以上の年収の人には、**確実な年収アップ**です。そこにフォーカスしました。

人生一発大逆転を目的としたド派手な転職は、それだけ難易度の高い新しい仕事や職場環境に適応できないリスクが高く、そもそも採用される確率も低いのです。それは私が伝えたい「転職の技法」ではありません。

「誰にでもできるはずなのに、まだ大半の人が考えていないこと」を知ることで、入りたい業界の会社に転職し、やりたかった仕事にも就け、お金や生活の余裕も生まれて、今よりも納得できる人生を送ることができる。

もし、今のあなたがやりたくもない仕事をして、残業や休日出勤で心身ともに疲弊の極致であり、それでも年収300万円のまま変わらず、これから何十年先も同じように働き続けなければならないと思うと目の前が暗くなる――そういった絶望を抱えているのなら。社会に出て年齢を重ねるにつれて、今の会社での限界が見えてしまった現実に直面しているのなら。

そんなストレスから解放され、自分自身が主役の人生を歩みたい。楽しみたい。ゆったりした時間を家族と過ごしたい。そんな生活を手に入れられる「転職の技法」をこの本で身につけませんか？

私の自己紹介をさせてください

申し遅れました。私、この本の著者である「転職10回したキャリアコンサルタント」森田昇です。この自己紹介と**P14～15**の転職遍歴**（※表1）**だけでツッコミを入れたくなるでしょうけど、ちょっとだけ我慢してくださいね。

転職10回の中には、人生一発大逆転を目的としたド派手な転職の失敗もあれば、

「ちょいスラ転職」で確実に年収アップさせたものもあります。中にはどちらでもない、年収が下がっただけ、ワークライフバランスを手放しただけの中途半端な転職も…。

年収の乱降下も随分味わいましたし、所属した会社の規模も社員5人以下の小規模事業者から20～３００人規模の中小企業、連結社員数１万人以上の上場企業まで多岐にわたります（10回目の転職で独立しました）。

この転職経験と、キャリアコンサルタント（厚生労働省管轄の国家資格で、対話を通じて就職や転職に代表されるキャリアの悩みを解決する専門家たちの名称）として学んだ職業選択に関わる理論、そして転職希望者１，０００人以上と対話・支援してきた実績を融合させたのが、この本で紹介する「ちょいスラ転職」とその活用のマインドセットです。それらを総称して「転職の技法」と呼んでいます。

様々な業界や職種、ポジションへ10回転職しているためキャリア（職歴）に一貫性がなく、サラリーマン生活20年間で最長6年、最短1ヶ月で会社を退職している辞め癖の持ち主で、仕事の何が好きで得意なのか分からず、目立った学歴もなく、社内で表彰されたこともない。そんな人間でも年収アップすることができ、対話・支援してきた転職希望者の皆さんも年収アップできた。これらの経験をもとに再現性のある方法としてまとめたのがこの本です。

どんな業界・職種・ポジションの人でも簡単に転職の事前準備ができるよう、「ちょいスラ転職」の細かいステップを図解でつけました。

いわゆる王道の転職本や、一般的な転職の常識とは異なる話ばかりだと思いますが、これが年収300万円から脱出するための、そして年収アップさせるための王道となることを願っています。

それでは、今のあなたから確実に年収アップできる「転職の技法」を紹介していきましょう。

6	7	8	9	10
2007年10月〜2008年4月	2008年5月〜2011年11月	2011年12月〜2012年1月	2012年2月〜2016年5月	2016年6月〜2017年4月
33歳	33歳〜36歳	36歳	36歳〜41歳	41歳〜42歳
IT・通信・インターネット	商社	金融・保険	IT・通信・インターネット	IT・通信・インターネット
IT・インターネット	商社	投資	IT・インターネット	IT・インターネット
ITエンジニア	営業	企画／管理	ITエンジニア	ITエンジニア
ITコンサルタント	営業／企画営業（法人）	経理／財務／税務／会計	データベース	アプリケーション
システムエンジニア	支店長	課長	プロジェクトリーダー	プロジェクトマネジャー
人材サービス	メーカー	不動産	システム会社（元請け）	教育会社
システム開発	商社	投資	システム開発（2次請け）	システム会社（元請け）
協力会社（下請け）	建設・設備	システム会社	協力会社（3次請け）	協力会社（2次請け）
500万円	800万円	800万円	500万円	600万円
500	20	30	200	100
年収を上げたいため	経営不振によるリストラ	飛び過ぎ転職で適応障害	年収を上げたいため	独立へ

表1 転職遍歴

社数	1	2	3	4	5
年月	1998年4月〜2001年3月	2001年4月〜2001年5月	2001年5月〜2001年8月	2001年9月〜2007年5月	2007年6月〜2007年9月
年齢	22歳〜25歳	26歳	26歳	26歳〜32歳	32歳
業界（大分類）	IT・通信・インターネット	メーカー	マスコミ・広告・デザイン	IT・通信・インターネット	サービス・レジャー
業界（中分類）	IT・インターネット	生活関連	マスコミ・広告	IT・インターネット	サービス
職種（大分類）	ITエンジニア	素材／科学／食品／医学	クリエイティブ	ITエンジニア	保育／教育／人材
職種（中分類）	アプリケーション	生産／製造	編集／記者／ライター	データベース	人材コーディネーター
ポジション（役職）	プログラマー	一般社員	一般社員	プログラマー	係長
ポジション（上流）	システム会社（元請け）	商社	メーカー	物流	メーカー
ポジション（自社）	システム開発（2次請け）	製造	広告	システム開発	人材サービス
ポジション（下流）	協力会社（3次請け）	電機店	WEB	小売	広告
年収	300万円	300万円	300万円	400万円	400万円
従業員数	3,000	30	3	300	10,000
退職理由	ブラック企業からの脱出	飛び過ぎ転職で適応障害	年収を上げたいため	会社が買収されたため	子会社への転籍のため

目次

第2章

転職で年収アップは誰でも可能！

第4章

「ちょいスラ転職」の道案内 149

第1章

大転職時代がやってきた！

なぜ今のあなたから年収アップが可能なのか？

景気の波と同じように、転職市場にも波があります。今までは景気の波を追いかけるようにリンクしていたので、景気が良くなると「転職したほうが年収を上げられる」と転職市場は活発化し、景気が悪くなると「雇用され続けるほうが最優先」と沈静化・停滞化する。その繰り返しでした。景気がいつ良くなるのかは経済学者でさえ予測不可能ですので、転職市場の波と自分の転職時の時間軸が合うかどうかは、今まで誰にも分かりませんでした。

これからは違います。転職市場は右肩上がりに伸び続け、拡大していくからです。コロナ禍による2020年4月以降の求人数減少も2021年度中に収束し、2022年度は全業界で中途採用が活況、過去最高レベルの求人数を掲げる企業が続出しています（株式会社リクルート「【2022年下半期】転職市場の今後―全15業界の中途採用状況」より）。この流れは今後さらに加速していき、人材の需給バランスの歪みが輪をかけて大きくなり、人材争奪戦が始まり――いえ、すでに始まっています。私たち供給側こそ転職に有利な状況がこれからずっと続くのです。

少子化による生産年齢人口減

少子高齢化による生産年齢人口（15歳以上65歳未満の人口）の減少で、何歳からでも転職可能な時代が幕開けしました。皆さんも少子高齢化は肌で感じていることでしょう。私が通っていた小学校も、昔は1学年4クラスあったのが、今では2クラスだけ。首都圏と言われる場所でも少子化が加速しています。

出生率とともに若者層は年々減っているため、20代というだけで引く手数多な状況がすでに生まれています。これは新卒者に限ったことではなく、入社3年以内を対象とした第二新卒者の需要も大幅に増加。この流れが拡大していき、今や35歳以上のミドル層の転職も活発に行われるようになりました。今後数年以内には40代や50代、はたまた健康で元気があれば60代でもウェルカム！　な世の中が到来します。

どの業界も人手不足が甚だしくなるのは国も認めていますので（総務省による「令和3年版情報通信白書」より）、「猫の手も借りたい」どころか「猫でもいい可愛いから」と、求人が人以外にも広がる可能性すら示唆されています。現実的にはＡＩやロボットが代替するでしょうが、それらを使いこなしメンテナンスする人間の絶対数が足りなくなるので、間違いなく年齢の壁はなくなります。コロナ禍のような例外事項があっても、転職市場の盛況は中長期的に続くと思われます。

事実、株式会社マイナビによる「転職動向調査２０２２年版」では、２０２１年の20～50代男女の正社員転職率は過去6年間で最も高くなっていると示されています。社員数が多い大企業への転職率も高くなる等、転職のチャンスタイムはまさに今これからなのです。

ジョブ型雇用への移行期

「ジョブ型雇用」という言葉を聞いたことはあるでしょうか。これは欧米で主流となっている雇用形態で、明確なジョブディスクリプション（職務記述書）のもとに雇用されるシステムです。業務内容や責任の範囲、必要なスキル等を明確に定めたうえで雇用契約を結ぶものです。

このジョブ型雇用への移行期においては、これまでのキャリアに一貫性や専門性がなくても転職可能です。パーソル総合研究所による「ジョブ型人事制度に関する企業実態調査」(2021年度版)で報告されているとおり、今でも約2割の企業しかジョブ型雇用を導入しておらず、まだまだ戦後日本の高度経済成長を支えた制度でもある**メンバーシップ型雇用が**主流だからです。

ジョブ型が「仕事に人をつける」のに対して、メンバーシップ型は「人に仕事をつける」制度です。新卒の一括採用で労働力を確保したうえで、年功序列の終身雇用で離職を抑止し、企業側の都合で部署間を異動させ様々な経験を積ませるメンバーシップ型は、年功序列や終身雇用が実質破綻した現在では制度疲労を起こしています。

かといって海外のように大学で専攻した専門知識と仕事(ジョブ)を完全一致させるようなジョブ型雇用は、新卒の一括採用が続く限り全社員への導入は困難です。将来的には主流となるにしてもあと数年はかかります。

メンバーシップ型雇用の問題点を指摘して、ジョブ型雇用への転換を叫ぶ声は年々大きくなっています。しかし、その最適解を日本の企業が見つけられていない現状では、中途採用という転職市場において有用な人材と判断されるために必要なのは「学歴」や「専門性」ではなく、一貫した「キャリア」でもない、ましてや仕事の華々しい「実績」でもありません。「**ポータブルスキル**」なのです。
「ポータブルスキル」とは、職種の専門性以外に、業界や職種が変わっても持ち運びができる職務遂行上のスキルのことです。会社が変わっても発揮できるスキルであり、コミュニケーション力やチームワーク力、リーダーシップ力といった数値では測れない能力です。そのため「売上〇億円達成！」といった誰が見ても分かる数値の実績がなくても、「ポータブルスキル」を転職先でも再現できるとアピールすれば書類選考や面接を通過できます。特殊な職種（技術職や看護師等の資格必須職、エンジニア等）でない限り、これまでのキャリアに一貫性や専門性がなくても大丈夫なのが、今のジョブ型雇用への移行期なのです。

事実、パーソルキャリア株式会社が運営する、転職・求人サービスｄｏｄａによる「採用担当者のホンネ―中途採用の実態調査」では、転職時に採用担当者が面接で見ているのは「専門性」や「スキル」より「第一印象」や「受け答えの仕方」が多くなっています。書類選考も企業に対する熱意と「ポータブルスキル」を再現できると伝えられれば通過可能であることと合わせると、転職のゴールデンタイムはまさに今これからなのです。

世界的なインフレの流れ

世界的なインフレの流れにより、転職すると自然と年収アップする時代が到来しています。2022年10月時点での日本のインフレ率は3%半ばまで上昇しましたが、アメリカでは7%超。グローバル化が進む現在において、日本にもその影響が波及しています。

インフレとはモノの価値が上がって、お金の相対的な価値が下がることです。日本では長らくモノの価値が下がりっぱなしで、牛丼チェーン店を代表とした値下げ競争が著しいデフレ状態でしたが、ここへ来てインフレ傾向になっています。

「インフレになると物価高になるから生活が苦しくなる、賃金も一向に上がらないし……」という面だけが強調されますが、**こと転職市場にはプラスです**。インフレ時代を先取りするアメリカでは、転職することで年収が大幅にアップする人が続出しています。

会社に雇用されている社員の賃金上昇は、離職率の上昇よりやや遅れて反映されるのが常ですので、これからは給料も上がると見込まれています。しかしそれ以上に、人手不足の中でも人員を確保するために、求人票に書かれる想定年収は賃金上昇率より大幅にアップし続けています。もちろんアメリカと日本では産業構造自体違いますが、同じようにインフレ率が急上昇している欧州でも同様の事象が発生しています。

世界情勢が大きく動く中で、各種原材料の価格高騰等の影響でモノの値上がりが続いている日本にも、転職すると年収が大幅にアップする時代がすぐそこまで来ているのです。

事実、転職で賃金が増加した転職者の割合は、インフレが表立っていなかった2021年でさえ34．6％と、3人に1人が年収アップを達成していると厚生労働省による「令和3年雇用動向調査結果の概要」で報告されています。やりがいや働き方を重視して転職する人も多い中での数値ですので、年収アップだけにフォーカスすると、転職のボーナスタイムはまさに今これからなのです。

煽りでもなんでもなく、「各種データからも今や転職しないと収入を損する時代になった。適正な収入を貰えない世の中になった」そう言っても過言ではないでしょう。

今が年収300万円なのは、入る業界を間違えただけ

現在、正規・非正規社員にかかわらずサラリーマンの3人に1人は年収300万円以下だと、国税庁による「令和3年分　民間給与実態統計調査」で示されています。**そういった会社からの待遇が悪くて苦労している人は、ただ入る会社を間違えただけです。**もう少し大きな視点で見ると、**入る業界を間違えただけです。**あなたのせいではありませんし、あなたは悪くありません。

業界が年収の大枠を決める

ほとんどの人は、就職や転職するときに会社選びはじっくり考えても、業界選びまでは気が回りません。私も初めての転職ではIT業界からメーカーへと業界を移動したのですが、30歳の先輩が年収800万円だったIT業界と比べると、メーカーでは30歳後半の先輩でも年収500万円がせいぜいでした（1社目⇒2社目）。この

300万円の差は決して個人の能力差ではなく、仕事の質の差でもない。会社の規模や売上の差でもない。業界全体の儲けの差だったのです。
ということは、逆にメーカーからIT業界へと業界を移動すれば、1回の転職で300万円の年収アップも不可能ではない、ということです。これは理想論でも机上の空論でもない、れっきとした事実です。そういった業界を変える転職で大幅な年収アップを成し遂げた人たちが今、続出しています（**第3章**で詳細を説明します）。

先程も述べたように、**年収に代表される待遇を決定づける最も大きな要因は「能力」ではなく「業界」です。**したがって、年収アップするための転職で最も重要なことは、業界選びです。高い年収も、充実した福利厚生も、ワークライフバランスも、職場の温かい雰囲気や心地良い人間関係さえも、それを実現するためには「会社が社員一人ひとりや組織に対して投資できるほど儲かっている状態」が必要なのです。これを実現している会社に入社しないと、年収はアップしません。

業界の違いで待遇に差が出る

大変残念なことに、会社が儲かるかどうかは業界、厳密には業界の利益構造に左右されます。だからこそ、業界選びで待遇のほとんどが決まります。

どんなに社長が熱意を持って頑張っても、社員が涙ぐましい努力をしても、儲かる業界で儲かるポジションに位置している会社の利益には到底敵いません。そして、儲かる会社は潤沢な利益を社員に対して「投資」という名の還元をすることで能力を磨き上げ、その結果さらに儲かっていき、年収アップや好待遇を生み出しているという仕組みです。こうして業界の違いだけで社員に待遇の差がついていきます。

儲かる業界の代表であるコンサルティング業や金融・保険業と、儲からない業界の代表であるサービス・レジャー業では待遇がまったく違います。サービス・レジャー業ではどんなに一生懸命働いても、年収1，000万円に到達するのはほぼ不可能です。テレワークも難しいですし、1日10時間、年間250日以上働かなければならない会社も数多く存在します。

一方、コンサルティング業であれば、フレックスタイムや裁量労働制等での時間的自由や、テレワークによる空間的自由を謳歌しながら、年間220日しか働いていないのに30代で年収1，000万円に到達します。業界の違いだけしかないのに、待遇の違いは本当に大きいのです。

業界が異なれば職種が同じでも差が出る

これは同じ職種でも同様です。たとえば儲かりやすい不動産業の人事は年収が高く、儲かりにくい宿泊業の人事は年収が低い傾向になっています。

業界の違いはあっても、同じ人事の仕事です。そこに大差はないのに、ほぼ同じ仕事内容であっても年収の差は大きくつきます。不動産業は「商品の単価が大きく儲かりやすい」、宿泊業は「誰がやっても変わらない労働が多い」からこの差があるのでは？　と考えるかもしれません。「やっていることが違うからでは？」ですが、実際には「人事としてやっている仕事は同じでも、業界が違えば年収に差が出る」のです。平均すると、不動産業の人事は、宿泊業の人事の倍近い年収を貰っています。

「同じ人事でもビジネススキルや能力に激しい差があるから年収に差がつくのでは？」そんなことはありません。学歴も関係ありません。年収と能力は必ずしも比例しませんし、仕事の難易度や責任ともたいして連動しません。それだけ儲かっている会社選び以上に、儲かっている業界選びが大切なのです。

「年収は自分にとって最重要事項ではない」「今の仕事が面白いし職務内容が大事だ」と考えている人も、残業時間や年間休日数、教育体系といった待遇にまで業界選びの影響があることを把握しておくのに損はありません。「どこで働くか」の視野が広がりますから。

①業界の違いで待遇が変わること、②あなたの会社や業界ではいくらが年収の限界なのか。この2つを知っておけば、転職という手段を使って年収300万円から脱出するのは、実はたやすいことなのです。

参考までに、国税庁が発表している業種別平均給料を載せておきます。業種とは業界を細分化したものですが、国も業種の違いだけで平均給料が全然違うことをデータとして出している＝認めている、ということを知るのはいいと思います。（※図2）

ちなみにメーカーへ転職した私は、2回目の転職で広告業を経て3回目の転職でIT業界へ戻りました（2社目⇒3社目⇒4社目）。業界選びの大切さに気づく、そんな転職遍歴でした。

図2 業種別の平均給与

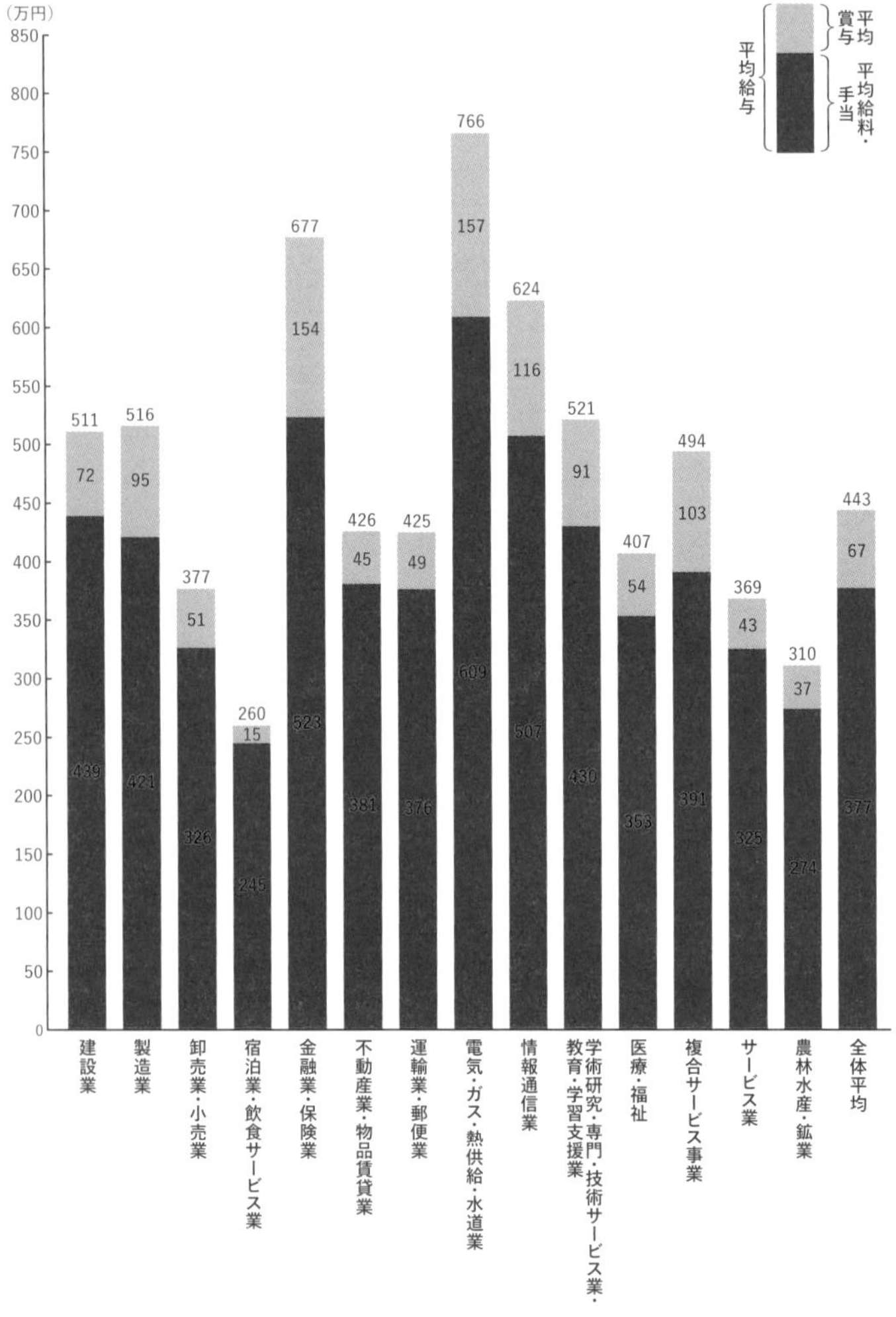

出所：国税庁「令和3年分　民間給与実態統計調査」
https://www.nta.go.jp/publication/statistics/kokuzeicho/minkan2021/pdf/000.pdfより抜粋

転職しないと、年収の上限は決まっている

毎日仕事を頑張っているのに給料が上がらない。10年以上必死で働いているのに年収300万円のまま。そう悩んでいる皆さんに事実をお知らせします。**転職しないと給料は上がりません。**

今の会社で真っ当に働いても、歯を食いしばって働いても、身を粉にして働いても、あなたが入った会社と業界で年収の上限は決まっています。その上限まで達してしまったら年収300万円だろうと変わりません。スキルがあろうがなかろうが関係ありません。

ガラスの天井は突き破れない

給料の下限は最低賃金で保障されているので、都道府県の最低賃金が上がる限りは

増えますが、仮に時給1,000円が1,100円になったところで1日の賃金は800円アップが限界、1ヶ月の給料も税金を引かれると手取り計算では1万円アップ＝年収12万円アップが関の山。**これでは2022年以降のインフレによる物価高に耐えられません。**また、これはあくまで下限の話であって、上限が同じように増えるとは限りません。あなたがいる会社と業界次第です。

社員からはガラスの天井のように目に見えない年収の上限は、何をしても破れません。会社では社長が、業界では構造が上限を決めているからです。

会社は、与えられた職位・業務に見合う金額を対価として社員に支払いますので、「設定された範囲内のことをやっているだけでは給料アップは望めない」そう上司に言われたことがある人も多いと思います。しかし、どれだけ会社に価値貢献しても、当たり前のことですが、会社自体が儲からなければ私たちの報酬は上がりません。

会社は利益が明確に出ていなければ、経費となる人件費を上げることは不可能です。特に人間の労働力に頼る割合が大きい業界、たとえば農業や漁業等の一次産業や、サービス業や飲食業といった労働集約型のビジネスモデルはどうしても薄利多売になりやすく、給料が上がりにくいのが現実です。ＡＩやＩｏＴ、ロボットの進展を待ちたいところですが、「人間の労働を奪われて人員削減」といった本末転倒なケースも出そうです。

適正な給料が出ているかは分からない

会社が儲かっているかの判断は、経営者や社長、場合によっては銀行等が行うものですので、「コロナ禍で経営に深刻なダメージを受けたから」といった理由で給料据え置きなのはまだしも、**「ずっとこの金額で雇っていたから」なんて慣習で今の給料を続けているだけの場合もあります。**ガッカリしますよね。会社や経営とはそんなものです。

皆さんは、自分がいる会社の給与テーブルをご存知でしょうか？　これから年収は上がっていくのか、横ばいで止まってしまうのか、どの金額が上限なのか、ぜひ確認してみてください。社員が何も言わないので「ずっとこの金額で雇っていたから」との慣習を続けている会社も多いため、もし交渉の余地があるのなら、年収アップを訴えるのも手です。

給与テーブルは職種でも異なります。たとえばメーカーの場合、工場勤務と本社の経営企画室とでは明確に違います。ＩＴ業界でも技術を極めるエンジニアと、管理を追及するプロジェクトマネジャーで評価軸が異なります。これもぜひ確認してみてください。

会社内や業界内でも、職種が異なれば年収は変わります。「業界」に属する会社での「職種」とのかけ算「業界×職種」で年収の大枠は決まるから、でしたね。もし可能であれば、会社や業界を変えなくても、今の会社で職種を変える異動願いを出すのも手です。

会社内で職種を変えても給料には影響しない

ただし、この給与テーブルについては明確に存在しないか、存在しても社員にはなぜか非公表な企業もありますので、確認方法には気を使ってください。急に課長や部長といった管理職に向かって「うちの会社の給与テーブルを教えてください」と正面から聞いてしまうと、今の給料に、評価制度に、ひいては会社に文句がある不満分子だとレッテルを貼られる恐れがあります。

制度があって文書化されているなら人事評価制度の確認を、なければ親しい上司にそれとなくお伺いしましょう。

たとえ人事評価制度に基づいて課長や部長といった管理職に昇進しても、「管理監督者に該当する管理職は労働基準法に定められた労働時間・休憩・休日の規定が適用されないから残業代は支給しません」と、裁量労働制を一方的に押し付けられて給料が抑えられる。そんなブラックな企業もあるくらいです。明確な法律違反ですが。

また、日本の商慣習上、同じ会社であれば職種が違っても年収に差をつけにくい現実もあります。特に大企業では「異動」が慣習的にあり、エンジニアから人事になったり、経理から経営企画になったりする人もいます。「社内公募制度」が存在する会社もありますし、そういった制度がなくても希望に応じて異動させる例は多いので、「技術職から人事に異動希望ですと…年収は200万円減ります。職種が変わりますから。それでもいいですか?」なんてすると、異動する人はいなくなりますから。

結論は、「**会社か業界を変えないと年収は上がらない**」です。会社内で職種を変えると業務内容や環境が変わるので希望の仕事に就ける可能性は高まりますが、年収アップには会社外で職種を変えなければなりません。ですので、最もおススメなのは、大事なことなので何度でも言いますが、転職です。

年収を上げられない人の共通意識

転職という年収アップの解決方法を今までまったく考えたことがない。そういった人はほとんどいないでしょう。コロナ禍では約8割の人が「転職を考えた」というデータも、株式会社TalentX（旧MyRefer）による「コロナ禍の転職意向調査」で示されています。ところが、**実際に転職をした人は1割のみと、「多くの人が考えたものの実行しない」という結果でした。**

もちろん転職するしないは自由ですし、年収アップだけではない人生を変える1つの手段でもあるので熟考していただきたいのですが、実はその大半が「面倒くさい」という身もふたもない理由なのです。

何もしないと収入が下がる

時間や労力をかける費用対効果を冷静に考えて「自分にはタイパやコスパが悪い」「このタイミングでの転職はリスクがある」「今の会社と仕事に十分満足している」と結論付けて転職しないのならまだしも、現状に不満や不安が大きいのに「面倒くさい」「変わるのがイヤだ」「我慢すればいい」といった現状維持思考の人は、厳しいことを言いますが年収を上げられません。「誰かがどうにかしてくれる」と他力本願で考えてばかりの人もまた、年収300万円から脱出できません。

「求人自体が年収300万円しかないんだが」「地方の求人なんてそんなものだぞ」「ハローワークや転職サイトにそれしかないんだ」「国や求人を出している会社は何を考えているんだ」「どうにかしてくれ」そんな切実な声が聞こえてきそうなので、だからこそ転職です。

求人は溢れているのに年収が低いものばかりなのは、そういった地方や業界の求人なので見なくていいです。テレワークの進展で地方在住のままでも首都圏の求人に応募できる時代になっていますし、様々な業界の求人もありますから、首都圏や今まで経験のない業界の求人もチェックしましょう。今のあなたを取り巻く状況だけで何とかしようとするのではなく、世界を広げて積極的に変化していかないといけません。

世界が狭いまま、同じ業界のまま、現状維持だけを考えて何もしないでいると、状況は悪くなる一方です。評価もされず、若手に追い抜かれ、収入が下がっていきます。

現状維持だと手取りが下がる

国に頼ろうとしても助けてくれません。助けないどころか、私たちを将来にわたって苦しめる存在となりつつあるのが今の日本です。

サラリーマンの平均年収はここ30年で472万円⇓443万円（2021年）と減少しています。『週刊少年ジャンプ』の定価は190円⇓290円（2022年）と、物価は上がり続けているにもかかわらず収入が下がっているのは周知の事実ですが、サラリーマンが給料から天引きされる各種税金や消費税、保険料負担は増加しています（※表2）。

このように、実質賃金としての年収が減少する中、社会保険料や税負担の増加で手

表2 | 30年前と現在の比較

	30年前	現在
平均年収	472万円	443万円
退職金	約2,800万円	約1,800万円
消費税	3%	10%
国民年金保険料	8,000円	16,590円
たばこ（マイルドセブン）	200円	580円
週刊少年ジャンプ	190円	290円

取りの給料も減っているというのは非常に深刻な問題です。進展する少子高齢化による医療費負担増や、団塊の世代が後期高齢者になることでの介護保険の負担増等、給料から天引きされる金額の割合は今後も増え続けます。年収をアップさせない限り、現状維持のままでは手取りの給料が減り続けて生活は苦しくなる一方です。

サラリーマンは最も社会的に保障されている身分ゆえに、国は私たちを苦しめてきます。老後に貰えるはずの公的年金もどんどん減っていくので、「人生100年時代」まで長くなった定年後に備えようとすると、お金のやりくりはキツくなり続けます。会社の定年は60歳、65歳と上がり続け、今後は70歳、80歳、定年廃止と、生涯にわたって働き続けないと生きていけなくなるのだから。

他力本願だと無職になる

「だったら社会保険料を折半で負担してくれて雇用保険も払ってくれる今の会社を頼ろう。年収がそんなに上がらないといっても、年齢を重ねれば多少は増えるだろうし、ずっと働き続けられるし」そう思っている人は危険です。茹でガエル状態です。会社の平均寿命は、もはや私たちのサラリーマン人生より短くなっています。大卒から定年まで、今の定年制度なら約40年間働くことになりますが、会社の平均寿命は23・8年（2021年に倒産した企業の平均寿命。東京商工リサーチ調べ）しかありません。ここ10年で創業された企業は20万社ありますが、逆に倒産した企業は9万社もあります。創業100年を超える長寿命の会社は日本全国で2％しかありません（帝国データバンク調べ）。

ただでさえ長くない企業の寿命は、テクノロジーの進化が加速している現代では、莫大な利益を生んだビジネスモデルが数年後には赤字に転落しているケースも珍しくないため、加速的に短くなっています。「終身雇用を守っていくのは難しい」と

2019年にトヨタ自動車の社長が発言したとおり、1つの企業に長く勤め上げ、そのまま定年を迎えて年金で余生を過ごすという昭和の人生設計は事実上崩壊しています。夢物語となりました。

サラリーマンなら誰もが1回は転職する「大転職時代」を、私たちは生き抜く必要があります。もし会社が倒産したら、無職で放り出されてしまいますから。

悲しいことに、健康で文化的な最低限度の生活に必要な収入や雇用の確保に、国や会社は責任を負うことができなくなりました。そして、「これらの穴埋めは国や会社に頼らずに自分自身で頑張れ、それが自助だ」という意味で副業や投資を今になって推奨しているのだから本当にタチが悪いのです。これ、もしかして事実発表罪で捕まりますかね？

副業や投資をする前に必要なのが、転職すること

「タチが悪い」とまで言っちゃいましたが、なにも副業や投資自体を否定している

わけではありません。むしろサラリーマンなら積極的にするべきだと思っています。転職だけでは大金持ちにはなれません。会社に雇用されている限り年収の上限は決まっています。だから副業や投資で大金持ちになりましょう。そうそう起業もいいよね、なのですが。

そのためには正しい順番を知る必要があります。最初に転職、次に副業からの起業、最後に投資です。副業と投資を始めるにも、まず転職から始めるのがセオリーです。年収300万円のままで副業や投資を開始するのは、どちらも実にタイパとコスパが悪いのです。

副業には時間と労力がかかる

副業については、厚生労働省の「モデル就業規則」にも記載されて大企業のサラリーマンでも可能となったことから、始める人が増えています。「やらなきゃ損！今すぐ副業を！」くらいの勢いですが、誰でも簡単に稼げるようになるわけではありません。

当たり前ですよね、本業でやっている人たちとの競争になるのですから。「誰でも簡単に稼げる副業」を謳っているものの中には詐欺案件か高額情報商材の売り込み案件も多く、まったく稼げないどころかマイナスになるので騙されないように。

副業の大事な視点は、「時給で考えてはいけない」ということです。時給で稼ぐのは単なる時間の切り売りですので、本業で残業したほうがマシです。せっかく大事な時間を費やすのだから、アンケートモニターやポイントサイトといったお小遣い稼ぎで疲弊するのはやめて、本業にも活かせるスキルや人脈、やりがいを手に入れましょう。

それと、「コストをかけない」ことも大事です。仕入れが発生するようなせどりや転売、はたまたネットワークビジネスは売れなきゃ損するだけです。

理想的な副業は、お金をかけず、在庫も持たずに、小さく始められ、ゆくゆくは本業以上の収入までコンテンツを育てられるスモールビジネスですが、育つまで時間がかかります。ブログアフィリエイトや動画編集、Ｗｅｂライター等、どれも月５万円の収入を定期的に得られるようになるまでには何百時間とかかります。

そんな時間を仕事以外の睡眠時間等を削って捻出するくらいなら、残業がなく疲れも溜まらないホワイト企業に転職して、時間と気力を確保できる環境整備から着手するべきです。副業に取り掛かれる時間と気力を生み出すためには、まず転職なのです。というか、転職することで年収100万円上げれば月5万円の副業以上の収入を得られますから、無理に副業することはないですよねぇ。

投資には時間とコストがかかる

投資については、国による政策で「つみたてNISA」の拡充も発表される等、リスクの少ない商品が登場したことで、始める人が年々増加しています。これまた「やらなきゃ損！　今すぐ投資を！」くらいの勢いですが、誰でも簡単に勝てるわけではありません。

当たり前ですよね、**投資は最終的に資金力のある人間が勝つものですから。**「誰でも簡単に稼げる高利率商品」を謳っているものは詐欺案件でしかありません、有名なポンジ・スキームです。投資額すべて持っていかれますから騙されないように。

理想的な投資は、「ドルコスト平均法でインデックスファンドへの積立投資」だと思います。詳しい説明は省きますが、『年収300万円FIRE 貯金ゼロから7年でセミリタイアする「お金の増やし方」』（山口貴大著、KADOKAWA）によると毎月5万円を利回り5％が可能なインデックスファンドで運用していけば、複利の力で30年後には4，000万円以上となる計算です。

ギャンブル的な欲に目がくらんだ投機さえしなければ、日々の生活を助けてくれる資金を投資で創り出すのは決して不可能ではありません。

投資は統計的にも正しいのでおススメなのですが、いかんせん時間とコストがかかります。年収300万円の人であれば、月の給料はボーナスを除くと平均20万円前後。税金保険料等が天引きされると17、8万円ほどですが、その中から5万円も30年間積み立て続けられますか？　と言われると相当の覚悟が必要ですよね。現実的ではないと思います。

食費等を無理矢理削って生活がカツカツになるくらいなら、無理せず稼げる業界に転職して、元手を確保できるよう年収アップから着手するべきです。投資にかけられる時間とコストを生み出すためには、まず転職なのです。

というか、転職することで年収100万円上げれば月5万円の投資資金は余裕で作れますから、無理に今の生活費を削らなくても投資は可能ですよねぇ。

起業にはすべてがかかる

起業については、起業支援や身分保障の拡充といった個人事業主でも安心して働ける環境整備が進んだことで、フリーランスになる人が年々増加しています。「やらなきゃ損！　今すぐフリーに！」くらいの勢いですが（しつこくてすみません笑）、誰でも簡単に生き残れるわけではありません。

当たり前ですよね、あくまで仮説ですが創業者の3割は1年で、5割は3年以内に廃業する。10年後まで生き残っている創業者は1割程度と言われる厳しい世界ですから。**前準備もなく「いきなり会社を辞めて独立」は絶対にやめてください。**私が全力で止めます。

サラリーマンは最高です。毎月確実に給料が振り込まれますし、社会保険や厚生年金の半額を会社が負担してくれます。税金関係の作業もしなくて良く、住宅ローンやクレジットカードの審査も通りやすい。社会的な信頼性が高いのがサラリーマンです。

起業することにより、これらを一度すべて失います。さらに、軌道に乗るまでの数年間は時間と労力とコストも奪われ続けます。恐ろしいですよね。

会社は辞めずに、安定した身分と収入を得ながら時間をかけてじっくり考え、副業からスモールビジネスを育てていずれ起業できるようになるのがおススメです。今の年収が300万円だからって決してリスキーな行動をしてはいけません。

というか、転職することでサラリーマンという社会的に認められた身分のまま収入を上げられますから、無理に起業することはないですよねぇ。

というように、**「年収アップのために副業や投資、はたまた起業に時間と労力とコストをかけるくらいなら、最高にタイパとコスパが良い転職を最初に実行するべし」という結論になるのです。**

第2章

転職で年収アップは誰でも可能！

転職こそ誰でも短期間で年収アップできる唯一の方法

「1日10分、スマホをポチっとするだけで年収アップします!」

というのは詐欺案件かFX自動売買ツールの案内ですが(まったく勝てないので騙されないように)、転職活動自体は事前準備さえ済んでしまえば1日10分、スマホをポチるだけでできます。転職エージェントの紹介案件や、転職サイトで意中の企業を検索して応募ボタンを押すだけですからね。

とはいえ、これはあくまで事前準備が済んだ後の、書類選考や面接といった応募以降の話。**転職の事前準備には相応の時間がかかります。**まず①転職の目的を「今、ここ」で考えた後に、②自己分析と③会社選びの判断軸を決定、そして④応募先の選定までが転職の事前準備です。慎重に考える必要がありますし、**すぐに応募できる体勢を整えるためにも最低3ヶ月はかけてください。**

転職は事前準備が9割

私たちの普段の仕事と同じように、**転職も事前準備で9割決まります。**もし、転職にそこまで興味がない人でも、転職活動の事前準備だけは実施することをおススメします。今の会社の待遇があなたにとって本当に適切なのかが分かりますから。「履歴書や職務経歴書まで書け、なんならジョブ・カードも(知らない?)」、というわけではありませんのでご安心ください。事前準備だけで十分です。

準備不足のまま転職活動に取りかかった場合、どんな問題が起きるでしょうか。「思っていたより時間がかかってしまった」だけならいいですが、最悪なのは「転職したのに年収がダウンした」です。厚生労働省による「令和3年雇用動向調査結果の概要」では、転職で賃金が減少した転職者の割合は2021年で35・2%と、前述の転職で賃金が増えた転職者の割合とあまり変わりません。これらはすべて準備不足によって起こってしまうトラブルなので、きちんと準備ができていれば避けられます。

事前準備として最初に行う、転職における目的を見失ってしまうこともよくあります。この本では年収アップにフォーカスしていますが、それだけが転職の目的ではないですよね？　年収３００万円から脱出するのはもちろんのこと、時間的自由や空間的自由といったワークライフバランスもあったと思います。

事前準備が疎かだと心に余裕が持てません。必死に目の前の書類作成や面接といった作業をこなしていくだけだと、よく考える時間もないので「苦労して転職活動したのにブラック企業へ入ってしまった」という、目も当てられない事態に陥ってしまうこともままあります。

こういった事態を避けるためにも、事前準備は絶対に欠かせません。逆に言えば、事前準備さえシッカリできていれば転職は成功したのも同然です。なにせ、転職は事前準備が9割ですから。

転職のおおよそのスケジュール感

転職にかかるおおよそのスケジュール感を3分割すると、

表3 転職のスケジュール感

ステップ1（3ヶ月）	ステップ2（2ヶ月）	ステップ3（1ヶ月）
1．事前準備 ①転職の目的 ②自己分析 ③会社選びの判断軸 ④応募先の選定	**2．応募から選考** ①自己ＰＲ ②書類作成 ③面接	**3．内定から退職** ①内定・退職

1．事前準備（3ヶ月）
2．応募から選考（2ヶ月）
3．内定から退職（1ヶ月）**※表3**

多少の増減含め、おおよそ6ヶ月見込みです。大手転職サイトが3ケ月以内で決められると謳っているのは、事前準備ができた後の話だからです。事前準備の期間が転職活動の半分を占めると覚えておきましょう。

「2．応募から選考」をたった2ヶ月で終えられるのか、不安になる人もいるかもしれませんが、それ以上は時間をかけられませんが、それ以上は時間をかけられないからです。たとえメンタルが強固な人でも、書類選考や面接後に届くお祈りメールを何度も受け取ると精神的に参ります。妥協や譲歩、我慢と諦めから転職条件が緩くなっていき、ついには年収アップすら手放してしまいます。冷静さを失わないためにも事前準備は入念に行い、実際の行動は早く終えましょう。

これが、ヘッドハンティングやリファラル採用といった、最近流行の転職方法でしたらもっと早く決まります。しかし、そういったスカウトがあった場合でも、のるかそるかの判断軸となる事前準備は、通常の転職時と同様に3ヶ月かけるのが無難です。短縮するのはあくまで「2．応募から選考」以降の期間だけです。

スカウト待ちではなくスカウトされに行く

スカウトのことを説明しますね。ヘッドハンティングとは、経営幹部や専門職といった、事業運営に欠かせない優秀な人材を他社からスカウトする採用手法のことです。このようなハイクラスな人材は引く手数多なため、転職サイトを使っても企業が見つけるのは困難です。そのため、ヘッドハンティング会社や転職エージェントに依頼して、独自のルートで人材を探し出します。所属している会社にダメージを与える意図もある引き抜きとは違い、ヘッドハンティングは純粋に人材を必要としての手法です。

一方、リファラル採用とは、自社の社員に友人や知人を紹介してもらう採用手法のことです。企業理念や文化を理解している社員がリクルーターとなり、人柄をよく知る友人や実力を把握している知人を紹介するため、企業と応募者の間で採用のミスマッチが起こりにくい利点があります。離職される可能性が低いことから、近年広まりつつあります。

将来的な転職希望者の中にはヘッドハンティングやリファラル採用されるために、頑張って人脈を作ったりLinkedInやTwitterといったＳＮＳで実績や考えを発信したりする人もいます。これは遠回りなので今すぐ止めましょう。

誰かに必要とされるのは嬉しいし気持ちいいし格好良いですが、**評価されるまで長期間ひたすらＳＮＳを頑張るといった受け身の姿勢より、自分から応募した方が短期間で決まります**。断然早いです。

人脈を作るならさっさと転職したい旨を伝える、ＳＮＳで発信するなら意中の企業にDMを送る、という攻めの姿勢で、**やると決めたら「今やる、すぐやる、さっさとやる」の勢いで応募しましょう。**応募したい会社選びや意中の企業をどう決定するのか、その判断軸を決めることが転職の事前準備ですから。

転職の目的は「今、ここ」

「転職活動はまず自己理解から始めましょう」といった就職活動時の進め方はしません。転職活動で最初に行うのは自己分析や企業リサーチではありません。過去の振り返りやキャリアの棚卸しも後回しです。

転職の事前準備として最優先で行うのは、転職で実現したい最優先事項を決めることです。「今、ここ」で起こっていることだけを見つめて、過去の感情や未来への思考で判断せずに、冷静に今のあなたが最も欲しいものを①転職の目的として決めましょう。

変えるべきは「今、ここ」

転職で実現したい最優先事項、それが転職の目的です。年収アップ以外にも転職で得たいものがあるはずです。「年収が100万円アップした」「誰もが知っている有名企業に入れた」という結果だけで転職が成功したとは言えません。自分で考えた転職の目的に沿った判断をすべきです。

転職することで何を得たいのか。その目的を定めるコツは、過去の出来事や未来の希望よりも「今、ここ」にフォーカスすることです。

「今の会社の年収よりアップさせたい」
「今の会社の仕事より面白いことをしたい」
「今の会社の人間関係をリセットしたい」

といった「今、ここ」を基準に考えましょう。昔はこうだったのに、等と過去とは比較せずに、今の状態と比較してください。また、この先の人生はこうしたい、こうありたい、等と未来を見据えるのも大事ですが、それよりも今の状況から脱出することを優先してください。年収３００万円からの脱出を。

事前準備の段階では、過去との関係性や未来への道筋を考える必要はありません。応募書類の作成、もしくは面接時に紐づければいいので、今どう感じているのか、何を変えたいのか、年収３００万円から脱出したいのか、を優先してください。変えるのは「今、ここ」です。

「今の状況を変えたいけど、もやもやするばかりで具体的に考えられない」「まとまらない」「なりたい将来も分からない」よく聞くセリフです。私もそうでした。悩みを言語化できず、自分の本当の気持ちが理解できない。そんな昔の私と同じだという人は、この本の※P6~7に書いてある「転職で得られる9つのもの」を集約した、次の3択を参考にしてください。

1. 年収アップ（①年収アップ、②有名企業への入社、その結果の③職場の温かい雰囲気と心地良い対人関係）。
2. やりたくてできる仕事（⑥やりがいがあるチャレンジングな仕事、⑧圧倒的なスキル、その結果の⑨管理職・マネジャー経験）。

3．待遇の改善（④フレックスタイムや裁量労働制等の時間的自由、⑤テレワークでの空間的自由、その結果の⑦ワークライフバランス）。

この中から今まさに最優先で改善したいポイントを選びましょう。それがあなたの転職の目的になります。

それでも悩む人は「1．年収アップ」を最優先にしてください。年収アップにこだわることで、実は残り2つも自然と手に入ります。年収アップのためには「3．待遇の改善」が必要となりますし、自ずと「2．やりたくてできる仕事」じゃないと理想の待遇を得られる企業からの内定は得られません。最優先はやはり「年収アップ」です。

「人生100年時代」よりも「今、ここ」

キャリアデザイン、キャリアビジョン、キャリアプラン、キャリアパスポート…ここ最近、「人生100年時代」を見据えた働き方や、長い人生を考えた中長期的なキャリア形成をしましょうといったフレーズが飛び交っています。カタカナばかりで分かりにくいですが、簡潔に言えば「キャリア＝様々な仕事に携わる私たちの人生」なので、それらは「自分の人生設計をしっかり持とうね。そのためにはどんな会社や仕事に就いていくのか、中長期的に計画することが大切だよ」というものです。

これらの言葉は聞き流してください。投資以外、「人生100年時代」に長い計画は必要はありません。もはや新卒入社した1社だけでキャリアを終えられる時代は終焉しました。**「人生100年時代」を見据えた働き方とは、「いざとなれば転職すればいい」という前提で考えます。転職に中長期的な視点は不要です。**

あくまでも転職は現状打破の一手段であり、これからの人生を決定づけるものではありません。10年後の姿を「現在の会社にいない」前提で考えるのは難易度が高くないですか？

夢、好きなこと、楽しい、嬉しい、やりたい、なりたい。制限なしに理想の未来と歩みたい人生をイメージする自己理解は楽しいものですが、それを実現するための手段として転職を使っても、得られるのは長い人生のほんの一部にしか過ぎません。せいぜい3年後の姿が限界です。

中長期的な目標をぶれずに達成できる人は本当に稀です。10年前を思い出してみてください。その当時、10年後の今の自分がこうなっているとは想像できましたでしょうか? ほとんどの人が想像していなかった、当時の延長線上でもない自分になっているはずです。結果的に何となく一貫性があるような気がする人は、変化に適応しただけです。

技術的な進化も想像できません。10年前はテレワークもほぼなかったですし、AIも反復botレベルでした。会社も寿命的に存在しているとは限りません。10年後を見据えた転職や、10年後のなりたい姿から逆算して仕事を選ぶのは無理があります。「3年後になりたい姿」くらいで自己理解はサラッと済ませて、さっさと転職の事前準備を進めましょう。

転職のタイミングも「今、ここ」

「3年後の姿」というフレーズが出てきたので断言します。**入社から3年持たずに辞めていいです。**「石の上にも3年」「桃栗3年柿8年」といったことわざを引用して、

「3年間は同じ会社で働かないと何も身につかないし仕事の楽しみも分からない」「履歴書にも傷がつくからとにかく頑張れ」といったよくある意見はすべて無視しましょう。

こういった過去に正論と思われていたものは、終身雇用制度がまだ生きていたときの、「会社を辞めたら人生終わり」といった昭和の価値観に過ぎません。これは新卒1年目でも同じです。「最初の会社くらい3年は働いた方がいい」「どの仕事が自分に合うか3年は働かないと判断軸もできないのでは?」という老婆心的な戯言も聞く耳を持つ必要はありません。会社や仕事が合わないものは合わないですし、その判断に早い遅いもありません。20代の第二新卒というボーナスステージを我慢して耐え忍ぶのはあまりにもったいない。次の会社で頑張ればいいだけです。

転職時に評価されるのは在籍期間ではありません。何をしてきたのかという「仕事の中身」です。ただ何となく上司に言われたことを言われたとおりにこなしてきた3年間と、自分の意志で試行錯誤しながら仕事に取り組んだ1年間とでは「仕事の中身」の質と熱量と成長速度が違います。市場価値もまったく異なります。

私のように転職遍歴が多すぎて市販の履歴書に収まりきれない転職回数でも、「仕事の中身」をしっかり分析して自己PRできれば、転職で年収アップは叶います。

もし、「このまま今の会社にいたら精神が病む」「もう限界。健康状態に影響が出そう」と今まさに切羽詰まっているのなら、今すぐ転職すべきタイミングです。ネガティブな理由からの転職でもいいのです。「人生100年時代」、何が一番大切かといったら心身の健康です。そのためには今の会社や仕事から逃げるための転職でも全然OKですし、むしろ推奨します。健康でさえいられれば、仕事やお金は後からいくらでも取り戻せますから。

もちろん転職は慎重に判断する必要があります。とは言え、現状の不満を解消したいのなら、転職活動自体は今すぐにやってみるべきです。**転職すべきタイミングはありますが、転職してはいけないタイミングは存在しないのですから。**

自己分析＝強みのタグ化

転職の事前準備として①転職の目的を決めたら、次にするのが②自己分析です。自

図3 天職の輪

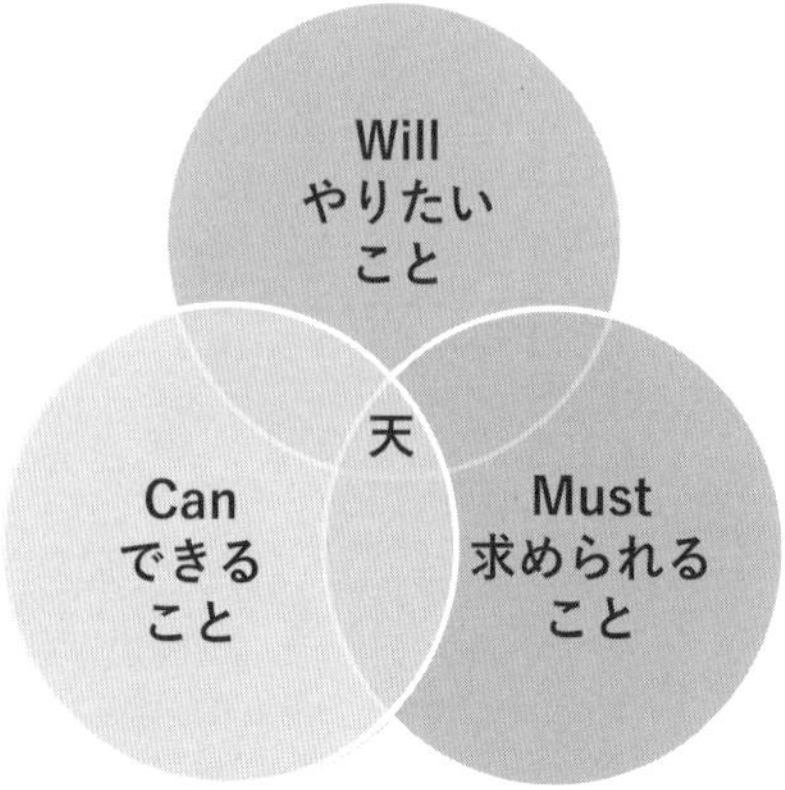

分のことが分からないのに自分に合った仕事を見つけるのは不可能。自己分析ができていない状態で転職先が決まってしまうとミスマッチが起きる可能性が高いので、しっかり事前準備の段階で行いましょう。

自己分析と聞くと「上司からこう評価されていたから、自分にはそういった強みがある」と、上司や会社からの評価を思い出す人もいるかもしれませんし、「学生の頃にやった、志望の業界に向いているかのアセスメントツール？」と就職活動時代を思い出す人もいるかもしれません。どちらも無駄にはなりませんが、転職の事前準備における自己分析とは天職の輪（※図3）における「Can（できること）」の部分だけを洗い出すことが目的です。それ以外はしなくていいです。

天職の輪は「Can（できること）」一択

自己分析には様々なツールやフレームワークが存在します。中には幼少時代の思い出から小中高大学生時代に頑張った通称「ガクチカ（学生時代に力を入れたこと）」まで振り返るものもありますが、そこまで遡らないでください。あくまで社会人経験で得られた「Can（できること）」だけ洗い出せば事足ります。そのためのフレームワークとして天職の輪が使いやすいので紹介します。キャリア教育の分野や、社員向けのキャリア研修等で自己認識を深めるために使われる「Will（やりたいこと）」、「Can（できること）」、「Must（求められること）」からなる3つの輪です。

「この3つの輪の重なり合いを見つけましょう、それがあなたの天職（やるべきこと）となります」というフレームワークですが、**自己分析としては「Can（できること）」だけ考えればいいのです。**あくまで応募書類作成や面接時に使える素材集めなので、希望する業界・職種・ポジションとなる「Will（やりたいこと）」や企業リサーチとなる「Must（求められること）」は後回しで構いません。

多くの人が「Will（やりたいこと）」を仕事にしたい、と感じていると思います。そこに落とし穴があります。たとえば、あなたがスポーツ観戦が好きだからイベント会社に就職したとします。するとどうなるか？　働き始めると、集客やキャンペーンの企画、トラブル対応や接客等に追われ、あなたの好きなスポーツ観戦なんてできる暇がないわけです。サービスを受ける側とサービスを提供する側で、イメージが異なるのは当たり前ですよね。

また、「Will（やりたいこと）」は年齢や時代によって変化するものです。「好き」や一時のワクワク感で仕事を選んでしまうと、飽きたら「もういいや転職しよう」となってしまいます。それだけ「好き」と「仕事」の間には大きなギャップが存在します。

そこで重要なのが、「Will（やりたいこと）」ではなく、「Can（できること）」を中心に仕事を選ぶことです。それが年収アップに必要な、あなたの市場価値となるからです。

「Can（できること）」を細分化すると、訓練や経験を通じて得た技術や資格である「スキル」と、言葉では表しにくい仕事に必要な具体的知識や技能である「ノウハウ」、そして先天的に持っているか後天的に気がついたパーソナリティである「強み」の3つの切り口があります。これら社会人経験で得られた「Can（できること）」を、今までの仕事で何をしてきたのか？　その結果、何を強みとして得られたのか？　といった「実務経験」をもとに可能な限り深掘りしてください。

「スキル」にある資格については、資格を取得して得られた効果（資格を取得して「#〇〇力」を手に入れた！等）にフォーカスしてください。資格はそれを持っていないと仕事ができない特殊技能（医師、電気工事士、玉掛け等）であれば資格名だけでもいいですが、そういった資格でなければ「あぁ勉強頑張ったんですね」と面接時に言われるだけです。話も発展しませんし、ツッコミもありません。もったいないです。

「思考のプロセス」から「タグ」化まで

「実務経験」は応募書類の作成にも役立ちますし、面接時で必ず聞かれることでもあるので、思いつく限り出し切ってみましょう。

注意しなければならないのは、「自分の仕事の成果」止まりになってしまうことです。そういった人は誰が見ても分かる、上司や会社に評価された数字の実績が一番だと思ってしまうので「半期の予算1，000万円を3ヶ月で達成」「業務改善に取り組み、課の経費を30％減」「毎年30人の新卒採用だったところ、45人まで増員」といった書き方をしてしまいます。もちろん結果や成果を出しているのは実績としてアピールできますが、それは果たして転職先で再現できるものでしょうか。

採用担当者が確認したいのは「あなたが今の会社で出している実績の数々」の先である、「あなたが今の会社で出している実績を、そのまま転職後も出し続けられるか」です。「出せるならその根拠を、出せないならその理由と、どうすれば出せるのかを教えてほしい」。これが採用担当者の本音であり、確かめたいことでもあります。いわば「再現性」です。

では、何を「実務経験」から根拠として引っ張り出してくればいいのか。

それは「思考のプロセス」＋「得られたタグ」です。自分がどのような考えから、どのような工夫をして、どのような方法で解決して、どのような成果を出せたのか。その詳細にプラスして、「その結果、どのような力を得られたのか」までタグ化してください。

成果はあなただけでなく、チームや部署、会社の力もあって出せたものかもしれませんし、誰がやっても出せた仕事だったのかもしれません。その判断を採用担当者はできません。**あなたが主体的に関わって、あなただから結果や成果を出せたものだと判断されるには、「思考のプロセス」＋「得られたタグ」でしか説明できないのです。**

たとえば、「半期の予算1，000万円を3ヶ月で達成」であれば、「今までのテレアポといった営業手法では達成できそうにないので、どうすれば多くの見込客と接点を持てるか考え、他部署とも協力して自社内でセミナーを開催して集客した結果、予算を早々と達成できました（ここまでが思考のプロセス）。この仕事で得られたタグとしては、他部署との〝#調整力〟や〝#交渉力〟、セミナー開催まで漕ぎつけた〝#実行力〟です」といった感じです。

最終的には、「私の強みは～〝思考のプロセス〟～で培った〝#〇〇力〟です！」とタグで「Can（できること）」を説明できればOKです。「#〇〇力」は必ず名詞にしてください。SNSでそのまま付けられるようなタグ化をしましょう。

弱みを強みに変えるリフレーミングの技

いろいろな「実務経験」から「思考のプロセス」を経た成果を、「#○○力」とできる限り多くタグ化してみてください。「#○○力」が思いつかない！　という人は次の例を参考にしてください。

（「#○○力」の例）

■行動系

集中力、工夫力、競争力、実行力、継続力、主体力、対応力、決断力、持続力、説得力 等

■コミュニケーション系

協調力、柔軟力、傾聴力、質問力、承認力、共感力、受容力、関係構築力、育成力、ストレスコントロール力 等

■問題解決系

論理的思考力、発想力、企画力、情報分析力、情報収集力、状況把握能力、トラブ

ル対応力、計画力、調整力、環境適応能力 等

■ビジネス系

語学力、プレゼン力、マーケティング力、セールス力、リーダーシップ力、フォロワーシップ力、マネジメント力、交渉力、発信力、文章力 等

このタグが転職というマーケットで、「自分はいくらで売れるのか」「買ってもらえるのか」を判断される市場価値の値札となります。社内評価による値付けではなく、転職市場で自分の価値を値札によって知ることができ、また示すこともできるのです。

それでも「〞#〇〇力〞が思いつかない! 助けて!」という人、安心してください。強みは誰にでもあるものですが、本人は気づきにくいものです。言語化にも苦労します。ですので、**ここでは敢えて強みとは逆の、弱みとなる「実務経験」の失敗談にフォーカスしましょう。**私たちは「強みや成功体験をアピールしてしてください」と言われると悩みますが、「弱みや失敗談を教えてください」と言われたら饒舌になります。そんな弱みと失敗談をリフレーミングしてみましょう。

リフレーミングとは、私たちの持っている枠組み(フレーム)を変えることです。人はそれぞれの価値観というフレームで物事を判断します。ネガティブな考え方や経

験も、見方や解釈を変えることでポジティブに考えられ、否定的な経験も肯定的な「#〇〇力」に変換が可能です。

たとえば、顧客からのクレーム対応に失敗した経験のある人は、その反面クレーム対応のマニュアル化に成功しているかもしれません。そうであったら「#マニュアル作成力」というタグが手に入っています。失敗結果とその理由を書面にまとめて上司へ報告した経験があるならば、それはきっと「#情報分析力」というタグになっています。失敗談にフォーカスすることで、その先にあった出来事を思い出して言語化、そしてタグ化するのです。

「実務経験」の成功体験だけを聞かされると、採用担当者は「本当にその成功を入社後に再現できるのか？」と訝ります。また、成功体験一本鎗で語られるのは「つまらない話」とも感じます。そこで失敗談からのタグ入手という「痛い目を見た後に、自分なりに工夫したからこそ血肉となっているタグ」があると心強いのです。

ちょっとしたリフレーミングの訓練として、否定的な言葉を肯定的な言葉に変えてみましょう。

（リフレーミングの例）

やり切れない⇓「#巻き込み力」

意見が言えない⇓「#引き出し力」、カタい⇓「#誠実力」

飽き性である⇓「#向上力」、諦めが悪い⇓「#持久力」

敏感過ぎる⇓「#危機察知力」、考えが浅い⇓「#突破力」

気にしすぎる⇓「#注意力」、真似ばかりする⇓「#洞察力」

繊細⇓「#気配り力」

こうやって皆さんが出した「#〇〇力」というタグ、これこそが「ポータブルスキル」です。職種の専門性以外に、業界や職種が変わっても持ち運びができる職務遂行上のスキルであり、会社が変わっても発揮できるスキルです。書類選考や面接時に評価されるあなたの「スキル」や「ノウハウ」、「強み」を見つけることが、この自己分析でのタグ化なのです。いわば市場価値の見える化、そして値札化です。あとはこのタグを応募書類や面接時に活用すればいいのです。

「ポータブルスキル」のうち、これからの時代にもっとも必要とされるタグをお伝えします。それは**「#変化への対応力」**です。たとえば、今まで使っていたITシステムがある日急に刷新されたとします。そのときに「また新しいことを覚えなきゃいけないのか」とげんなりして使おうとしない人と、「また新しいことを学べるチャンスだ」と自らキャッチアップする人、どちらを会社が求めるかと言ったら明白ですよね。「#変化への対応力」がある人は、それがない人に比べて「#雇用されうる力（エンプロイアビリティ）」が高いと言われています。今持っているタグ「#○○力」が未来永劫有効かどうかは誰にも分かりません。そんな時代だからこそ、重要なのは専門的な能力ではなく、いかなる状況にも使える「ポータブルスキル」を認識することと、どのような変化にも対応できるマインドセットなのです。

ブラック企業の見極め方

事前準備のうち①転職の目的を決め、②自己分析まで済んだなら、ここから③会社選びの判断軸を作り上げていきます。この会社選びの判断軸が定まっていない状態で転職先を探してしまうと、ブラック企業を引き当ててしまう可能性が高まります。

この見極め方をぜひ、今まさにブラック企業にいる人が、年収300万円で酷使されている状況から脱出するための知恵袋として使っていただけると嬉しいです。私も新卒入社の会社が月の残業時間100H超なのに残業代0円、年収300万円というブラック企業だったので(1社目)、当時知っておきたかったことを漏れなく書きますね。

ブラックになりやすい業界はある

厚生労働省は「ブラック企業」について明確に定義していませんが、一般的な特徴として、①労働者に対し極端な長時間労働やノルマを課す、②賃金不払残業やパワーハラスメントが横行する等、企業全体のコンプライアンス意識が低い、③このような状況下で労働者に対し過度の選別を行う、と言われています。もちろん、「それぞれの会社による」という前提はありますが、ブラック企業になりやすい業界というものは存在します。

これは業界の構造的に儲けることが難しいため、社員や組織へ投資することができずに待遇が悪化している業界のことです。「業界の構造が悪い」としか言いようがないので、技術革新でどうにか改善されることを願っています。そうでないと、こういった業界が選ばれなくなりますから。

そんな構造とは、以下のとおりです。

・価格競争が激しい
・利益率が低い
・労働集約型
・個人相手の事業
・衰退している
・その結果、もうブラック業界だと知れわたってしまった業界

価格競争＝コスト競争でもあるので、コストダウンは間違いなく人件費がターゲットにされます。熾烈なコスト競争は社員の待遇悪化を引き起こします。これは利益率の低さも同様で、どちらも儲からないため長時間サービス残業が横行しやすく、なの

に年収300万円以下、という業界がざらです。代表的な業界は、商品として差別化できない生活必需品を多く取り扱っている小売業（スーパー・コンビニ・デパート等）です。

労働集約型といった、人間の労働力をあてにしてビジネスを回している業界も待遇が悪くなります。人間の力を前提としたビジネスモデルなので、人間が頑張らないと回らず、どうしても労働環境が悪化しやすくなります。現場の人間の力で成り立っている飲食業や運送業（トラック等での配送）に加え、IT業界もまた、「IT土方」と揶揄されるように人力と力技に頼っている側面もあるので、労働集約型に当てはまります。非対面・非接触での遠隔操作や自動運転、AIでの超高速プログラム開発やノーコードツールの早期普及が待たれます。

個人相手の事業では、接客なしではビジネスが成立しないため、時間あたりの売上が低くなります。労力をいくらかけても利益は薄いといった薄利多売ビジネスになりやすいので儲かりません。また、接客が中心になると労働集約型にもなってしまうため、ますます社員の労働環境が悪化します。個人相手の接客が必須な業界としてはアパレルやブライダル業界、介護・福祉が挙げられます。
介護・福祉以外は儲かりにくい業界かつ、利用者が減っている衰退業界なのでブラック化が進んでいます。このような業界では、毎年同じことをしているだけでは売上や利益が減っていく状況に陥っています。

これらの業界はすでにブラック業界と知れわたっているので、常に人手不足です。必然的に1人当たりの仕事量が増え、ますますブラック化するという負の連鎖に陥っています。

狙い目なホワイト業界は、その逆です。利益率が高いために価格競争も勃発せず、大規模設備や高度な知識等を軸に法人を相手にしたビジネスモデルであるため、誰もがホワイト業界だと認識しています。

もちろん、業界だけで括れない例外的な会社はたくさんありますが、業界選びの参考にしていただければと思います。

ブラック企業の特徴10選

ブラック企業に勤め続けることは、肉体的にも精神的にも大きなダメージを負います。もしあなたが、次の特徴に7個以上当てはまる会社に現在勤めている場合は、直ちに転職することをおススメします。そのままでは心身の健康を害します。

ブラック企業の代表的な特徴を10個、並べます。求人票や口コミサイトでもチェックしてみてください。

1. 長時間労働（月の残業時間は45時間まで！　例外はあっても法定基準は覚えよう！）
2. 休日や有給休暇が少ない（業界によっては年間休日100日切る！　多い業界は120日以上！　1ヶ月分も違う！）
3. 週休2日制（「完全週休2日制」と書いてないと、月の土曜日ほぼ出勤！）
4. 給料が最低賃金以下（月の労働時間である160時間で月給を割ってみよう！アルバイトのほうが稼げるぞ！）
5. 残業代なし（れっきとした法律違反！　残業代は残業時間1分から支給対象！）
6. 固定残業代＆裁量労働制（どちらも正当な残業代が消滅するうえ、無限に働かされる！）

7. やたらと情熱的なアピール（「夢」「やりがい」「絆」といった甘言しかアピールできない会社だぞ！）
8. やたらとアットホームをアピール（社長が絶対君主な昭和の家長制だぞ！）
9. ずっと求人募集している（離職率が高過ぎて求人をなくせない！）
10. 口コミサイトで大炎上（ネガティブな意見が集まりやすいネットでも、生々しい情報はだいたい合っている！）

もしこれらのことが1つでも当てはまるのなら警戒しましょう。

一方で、ブラック企業のようなガンガン働く環境が性に合っている人もいることはいます。しかし、それには多くの給料やスキルアップ等の見返りが必要です。悪質なブラック企業は、そんな事もお構いなしに低賃金で社員をこき使い、ぼろ雑巾にして、ポイ捨てしてします。

ブラック企業は人材が定着しないため、常に飢えています。新しいカモを求めている牙を回避するためにも、コンプライアンス・法令順守をキッチリしている、働く意

図4 代表的な商流

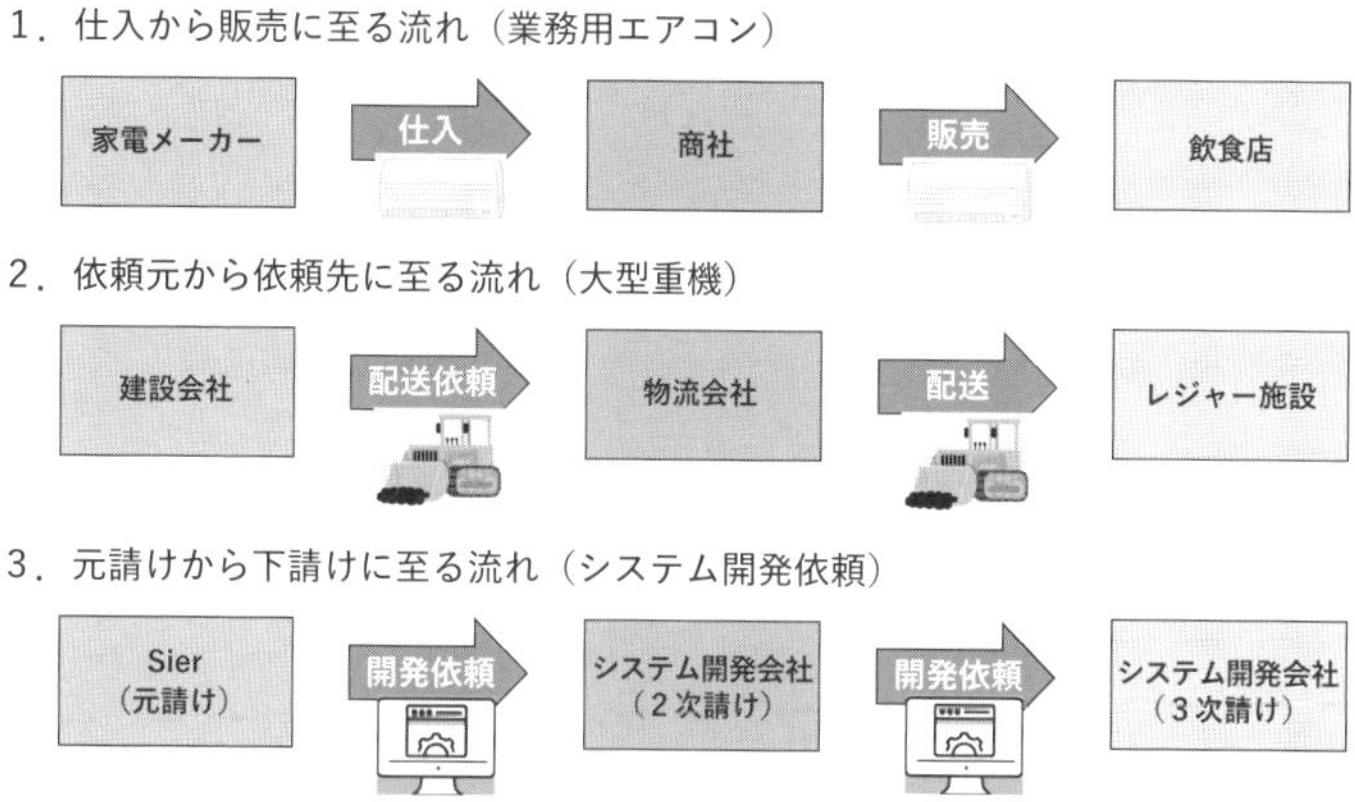

欲の高い人が多い、そして何より社員を大切にしているホワイト企業を見つけてください。

商流が下になるとブラックになりがち

ここまで会社選びの判断軸として、業界と会社の構造、状況からブラック企業になりやすい特徴を見てきました。あと1つ、「商流」を把握すればブラック企業対策はバッチリです。商流とは「商的流通」の略で、生産者から消費者まで商品の所有権が移転されていく売買活動の流れを指します。川の流れのように上から下へと流れていきますが、分かりにくいので例を挙げて説明しますね。会社同士の商流の代表的な例は3つあります（図4）。

1つ目は仕入から販売に至る流れです。業務用エアコンを例にすると、商社は家電メーカーから業務用エアコンを仕入れます。そして飲食店へ卸売りしますが、この流れでは商社から見ると、メーカーが仕入先、飲食店が販売先になります。仕入先⇒自社⇒販売先と商品が移転するので、その流れが商流となります。

2つ目は依頼元から依頼先に至る流れです。トラックでの大型重機の物流を例にすると、荷物の依頼元（ここでは仮に建設現場を取り仕切る建設会社としましょう）は、物流会社へ大型重機の配送を依頼します。そして物流会社は依頼先（ここでは仮に建設会社が施工しているレジャー施設としましょう）へ大型重機を配送しますが、この流れでは物流会社から見ると依頼元⇒自社⇒依頼先と大型重機が移動していくので、その流れが商流となります。

3つ目は元請けと下請けの流れです。ＩＴ業界におけるシステム開発委託を例にすると、発注企業が元請け企業のSIer（システムインテグレータ。システム開発や運用等を請け負うサービス事業者の略称）へシステム開発を依頼します。そして元請け企業は自分たちの人員だけで開発するのは難しいので下請け企業（2次請け）へ仕事を流し、下請け（2次請け）企業がまたその下請け（3次請け）企業に…と発注が川というよりむしろ滝のように流れていきます。この流れでは下請け（2次請け）企業から見ると元請け⇓自社⇓下請け（3次）企業と仕事が移転されていくので、その流れが商流となります。

3つの商流ともに、下流に位置する会社ほど社員の待遇が悪くなる傾向があります。

商流的に上の会社の言いなりになりがちのため、値上げ等の希望が通らないからです。また、下流に近づくと個人客相手の事業となるので疲弊しやすく、さらに中間に位置する会社に利益を中抜きされることでブラック企業化しがちなのです。逆に商流が上流だと、中間に位置する会社に利益を乗せられることがないため、適正価格で取引でき、会社も儲かります。自動車業界を例にすると、細かい部品工場の下請けメーカーと、その中間メーカーと、元請けの自動車メーカーだったら、どの会社の待遇が良いかは分かりやすいと思います。

もちろん商流も、業界や会社と同じように例外的な流れはあります。「特許取得等でその企業でしか生産できない部品を取り扱っている」「スーパーエンジニアを複数抱える等でその企業でしかシステム開発できない」といったものですが、商流もまた転職先の業界・会社選びの参考にしていただければと思います。

ブラック企業の見極め方をまとめると、①その業界が稼げる業界なのか、②会社が出している求人票や口コミサイトの評判はどうなのか、そして③商流の位置がどこなのか。この3つを会社選びの判断軸としていただければ、確実にブラック企業の魔の手から逃れられます。

もし今の会社こそがブラック企業だと見極めてしまったのなら、これはもう転職のベストタイミングですね。

会社選びのマインドセット

会社選びの判断軸はもう1つあります。私たちのマインドセットです。「年収を下げてでも希望の会社に入りたい」「一貫したキャリアを築きたい」「転職で人生一発大逆転をしたい」これらの考えは今すぐ捨ててください。どれも会社選びの判断軸には不要です。

これはテクニックではなくマインドの話なので「やらないほうがいい」「考えなくていい」ではなく手放してください。年収300万円から脱出する転職には不要どころか有害なので。

年収を下げる転職は取り返しがつかない

入りたい会社や就きたい仕事、ワークライフバランスを優先するあまり「入社時は今の年収より下がってもいい」と考える人も多いと思います。それではいけません。一度ダウンした年収を、転職先で必ず上げられるとは限らないからです。年収300万円が250万円にダウンしたまま数年経過、ではシャレになりません。

あなたが入社後に評価を上げて年収アップできるかどうか、未来のことは誰にも分かりません。自分なりに転職後に成果を上げる自信があり、それがある程度見通せたとしても、うまくいかない場合が多々あります。実力を十分に発揮できないこともあるでしょうし、たとえ十二分に発揮できて成果を出したとしても、それが評価される保証はありません。

会社側としては、入社後に成果を出したからといってすぐに年収アップしようとは考えません。評価したくないんです。人件費が上がって利益を圧迫しますからね。「年収ダウンを飲んでまで入社したのだから、すぐに上げなくてもいいじゃないか。今のままでも十分生活できるでしょ。そこまでしてうちの会社に入りたかったんだよね」。これが会社側の本音です。人事評価制度が固まっていない会社あるあるです。

年収ダウンを飲み、エンジニア派遣のＩＴ会社へ転職した結果。在籍4年間で複数の資格を取得（ＩＴ系の国家・民間資格を8個、中小企業診断士含む）し、プロジェクト内でも追加案件を取ってくる、納期短縮に貢献と数字も成果も出したのに、一切年収が上がらなかった私の例もあります（9社目）。役職もつかず、管理職にもなれず、資格取得報奨金の支給でボーナスは一時的に増えましたが、それだけでした。

入社後の評価による年収アップは昇進と同様、あくまで会社が決めることで、あなたに決定権はありません。入社時の口約束は「言った言わない」で反故されますし、かといって一筆書いてはもらえません。だからこそ、転職の時点で年収アップさせなければならないのです。

あなたが年収アップを自らの意志で勝ち取れるタイミングは、年収が明記された雇用契約書にサインできる入社時のみなのだから。

キャリアに一貫性はいらない

と断言しつつも、書類選考や面接で評価されるのはキャリアの一貫性です。一貫性の感じられないキャリアは決して評価されません。タグ化した「#○○力」でいかに転職先へ貢献できるのか、という説明にはキャリアの一貫性が欠かせないためです。

Q1 今までどんなことを考え、何を選択してキャリアを積んできたのか？
Q2 過去の仕事の中で身につけた知識やスキルはどのような経験からなのか？
Q3 今後のキャリアについては、どう設計しているのか？
Q4 その結果、どうしてうちの会社に応募してきたのか？

こういった採用担当者からの質問への答えを「自分の過去から未来までのキャリアの道筋」として一本の線でストーリーがつながるように、明確に説明できるのがキャリアの一貫性です。ということは、「一本線でつながるようストーリー仕立てで説明さえできればいい」のです。

業界が変わろうと、職種が変わろうと、その理由を後付けできれば問題ありません。むしろ後付けしてください。**キャリアの点と点をつなぎ合わせて、一本線にしてストーリーまで昇華させるストーリーテラーになりましょう。**過去に業界の移動を繰り返した人でも、会社都合の人事異動で様々な職種を経験せざるをえなかった人でも、説得力あるストーリーを後付けしてしまえば、それは立派な一貫性です。

この一貫性の考え方は、業界や職種、会社選びにも有効です。後付けで一貫性を説明できるのなら、今のあなたの業界や職種とまったく異なる会社も転職の選択肢に入ってきます。タグ化した「ポータブルスキル」が活かせるのは、何も今の会社と同じ業界や職種だけではありません。今まであまり経験がない、考えたこともない業界や職種に転職することも可能となるのです。

選択肢を広げて、ホワイト企業の代名詞でもある有名企業や上場企業といった、新卒時では到底入れそうもなかった他業界他職種の企業も視野に入れるマインドでいきましょう。

人生一発大逆転の発想を捨てよ

転職の目的は年収アップに決まった。転職活動に有効なタグも手に入れた。他業界他職種のホワイト企業も調べた。「よし、いざ応募書類を送ろう！」というときに「やっぱり無理かも」と心が折れる人が多数います。経験のない他業界や他職種の求人票の募集要項を見て、「ハードルが高そうだから」「スキルや経験を持っていないから」「自分には手が届かない企業だから」そう言い訳して諦める人は、人生一発大逆転を考えたド派手な転職をしようとしている傾向があります。

そういった人は、「1回の転職で人生バラ色にしたい」との満ち溢れる希望を持っているか、「1回の転職で目的すべてを手に入れなければならない」と思い込んでいるかのどちらか、もしくは両方です。今の年収300万円から脱出することを目的とするならば、後は優先順位の問題なので、待遇の改善等はすべて叶わなくてもいいですよね？ もちろん、1回の転職で目的のすべてを達成できるのが理想ではあります。

しかし、完璧を求めてもすべて得られることはありません。

家探しをイメージしてみてください。駅から徒歩10分圏内の物件を第一優先としたなら、多少の間取りの不満や設備のボロさは我慢するはずです。近くにコンビニやスーパーがないといった住環境も優先順位は下がりますよね。たとえ子供の学校との距離を考えても、だからって徒歩30分圏内まで拡大はしないですよね、自分の通勤が大変になりますから。すべてを満たす完璧な物件に巡り合える確率は極小なのです。

会社選びでも同じです。100万円年収アップするだけでも、人生を変えるきっかけには十分なりえます。「何もかも手に入れようとして転職自体ができなくなる」という事態だけは避けて、最優先事項である①転職の目的をまず達成できる会社を選択してください。

年収は上げたい、だけど…と逡巡しているのなら、①転職の目的まで戻ってください。転職で最優先すべきものは何か？　年収アップなのか？　ワークライフバランスなのか？　転職の目的を1つに定めたら、それだけは必ず手に入れるマインドセットで次の④応募先の選定へ進みましょう。

第3章

転職の技法「ちょいスラ転職」

年収1，000万円までの道のり

転職活動における事前準備のうち、①転職の目的、②自己分析、③会社選びの判断軸が固まったら、いよいよ最後の④応募先の選定です。すぐに応募できるよう準備するまでが事前準備。どの業界の、どの職種の、どのポジションの会社に応募すれば年収アップするのかを一緒に考えていきます。そのための考え方でもある「転職の技法」を身につければ、年収300万円から年収1，000万円までの道筋も見えてきます。

年収1，000万円。憧れの響きです。ですがサラリーマンでは到達困難な数字です。年収1，000万円以上の人は、日本の給料所得者のうちわずか4・6％となっています（国税庁「令和2年分 民間給料実態統計調査」より）。スーパーサラリーマンの証である年収1，000万円には、せめて年収700万円前後ある状態でないと、1回の転職では到達できません。年収300万円から一気にジャンプアップは残念ながら夢物語です。

「軸ずらし転職」で年収アップさせていく

否定ばかりでは面白くないでしょうから、ここで年収1,000万円までの道のりをお伝えします。**いわゆる「軸ずらし転職」を繰り返すことです。**私たちサラリーマンの年収は、基本的に「業界×職種」で大枠が決まっていますので、年収アップさせるにはどちらか、もしくは両方を「年収の高い業界」や「年収の高い職種」へ転職する必要があります。それが「軸ずらし転職」です。

パターンとしては、3つあります。（**※図5**）

1. 業界を変える、職種は変えない
2. 業界は変えない、職種を変える
3. 業界も職種も変える

1.であれば、同じような仕事で業界を変えるだけなので、経験者扱いでの転職が可能です。年収アップには業界が重要な意味を持つことは**※P8**で触れていますので、

図5　軸ずらし転職のパターン

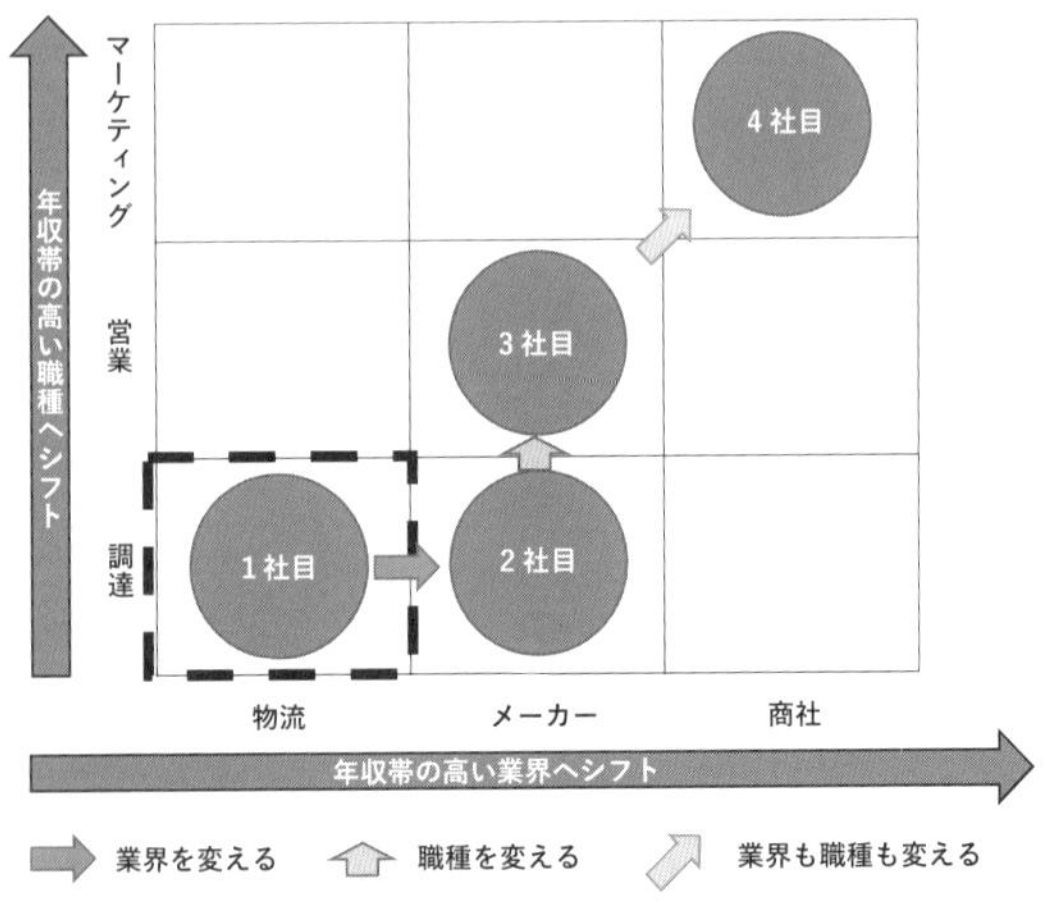

業界や職種を変えて、年収を上げていく方法。目指すゴールへ軸をずらして前進。
軸をずらしすぎると内定を得るのに苦労し、ずらさないと年収はほとんど変化しない。
今の業界と関わりのある、近い業界や職種に今の経験を転用して転職する。
※業界をずらす方が待遇がより良くなる。

職種という軸は固定して業界だけ軸ずらしするのが年収アップの近道です。これは意外と簡単で効果が高い方法です。ただ、まったくの未経験業界だと内定を得る難易度が上がります。

例）ＩＴ業界でアプリケーションエンジニアをしていたのですが、転職後は環境・エネルギー業界の社内エンジニアをやっています。

2．であれば、業界内で職種を変えているだけなので、年収アップとともに業務内容が変化します。やりたくてできる仕事への転職を目的とするなら効果的です。ポイントは、現職の知識や経験を活かせて、かつ今の仕事でやってることと2〜3割は重なる職種を選ぶことです。ただ、あまりに職種を変えすぎると未経験者扱いになり年収アップしません。

例）保険業界で営業事務をしていたのですが、転職後は同じ保険業界で営業をしています。

3．であれば、軸をずらす角度が大きいため大幅な年収アップが可能です。年収100万円アップどころか、300万円超のアップも見込めます。私もIT業界でのITコンサルタント⇒建設資材を取り扱う商社の企画営業へと、業界と職種のどちらも軸ずらしすることで年収300万円アップに成功した経験があります（6社目⇒7社目）。ただ、どちらも変えすぎると入社後の適応に苦労します。

例）「IT企業でアプリ開発エンジニアをしていたのですが、転職後は人材業界で新プロジェクトのマネジャーをしています」

この「軸ずらし転職」を2、3回繰り返せば、年収300万円スタートでも10年かからずに年収1，000万円へ到達できます。「軸ずらし転職」、素敵ですよね？

軸をずらせていないと何も変わらない

転職する多くの人がやりがちな「同業界同職種」への転職では、ほとんど変化がありません。今までと同じ仕事で、ただ周りの人間関係と職場を変えただけの転職で終わると、年収もたいして変わりません。環境が大きく変わらないので当然のことですよね。

例）「東京のタクシー会社でドライバーをしていたのですが、今は大阪のタクシー会社でドライバーをしています」

業界も変えず、職種も変えない。どちらも経験しているので転職しやすいですし、その後の適応と活躍もたやすいでしょう。ただ、メリットはそれだけです。今後、再び転職を考えても今までの業界や職種に縛られ続けます。

もし経済状況の変化で業界が衰退し、技術革新で職種自体がなくなってしまったとしたら。例にあげたタクシー会社とドライバー、どちらも当てはまりそうで恐ろしいですよね。自動運転の進展はドライバーという職種を駆逐し、タクシー業界という概念すら消し去りかねません。たとえば昔、馬車が自動車に置き換わるまでの期間は20年足らずでした。

業界と職種、どちらでもいいので少しでも軸をずらしておくか、せめて役職だけでも上げないと、今後の変化に対応できなくなっていきます。

そもそも未経験で他業界や他職種を目指す人自体、いまだ少数です。転職する多くの人が「同業界同職種」に限ってしまい、選択の幅を狭め、若干の年収アップと待遇の改善、そして変わらない仕事を選びます。これでは年収は100万円もアップしませんし、成長もしません。誰もやらないからこそ、「軸ずらし転職」で年収がアップするのです。

軸をずらし過ぎると反動が大きい

ただ、闇雲に軸をずらせばいいわけではありません。軸ずらしの角度が大きい、3.業界も職種も変える、といった転職だと様々な壁に直面します。まったくの畑違いの業界だと内定獲得の難易度が高まりますし、職場環境も激変します。私の例だと、例）「ＩＴ業界でＩＴコンサルタントをシステムエンジニアとして行っていたのですが、今は建設資材を取り扱う商社の企画営業部門で支店長をしています」

ＩＴ業界から商社への軸ずらしと、ＩＴコンサルタントから企画営業部門への軸ずらし。この組み合わせだとまったく関連性のない軸ずらし×2となっているので、育成に時間がかかる人材とみなされ、書類選考の時点で落とされる可能性が非常に高くなります。ＩＴ業界にいたときに、少なくともたとえば商社と取引があった等の接点は欲しいですが、そもそもシステムエンジニアから支店長が遠すぎます。職種の共通点もありません。一介の技術職から資材管理や売上管理のみならず、社員の管理監督といった支店全体を統括する支店長では、あまりに担う役割が違うからです。

これでは、運良く入社できても新しい職場環境に適応するまで相応の時間とストレスがかかります。会社から求められる水準も高くなりますし、結果を出せないと容赦なく年収ダウンする、厳しい世界への転職となってしまいます。

この壁を乗り越えないと、短期間で元の業界や職種に戻ってしまう、悲しい転職を再度してしまうことにもなりかねません。実際、私は４年持たずにリストラされた挙句、その後の転職もうまくいかずにＩＴ業界の派遣エンジニアへと、年収３００万円下げてまで昔経験した業界へ戻ってしまいました（7社目⇒8社目⇒9社目）。それだけ軸をずらしすぎるのは危険なのです。

仮に年収1，０００万円まで到達したいのであれば、「軸ずらし転職」で細かいステップを踏むことが必須です。このように、1回の転職ですべてを達成しようとする、遠くへ飛び過ぎる「軸ずらし転職」は危険極まりないのです。

そうは言っても、なるべく1回の転職で可能な限り年収アップさせたいのが本音だと思います。そこで、最もリスクなく年収アップが可能で、ストレスもかからずに新しい職場環境にも適応できる「転職の技法」として、あなたの今いる「業界」と関わりがあり、共通項もある「職種」、そして役職と会社の「ポジション」を〝ちょっとだけ〟スライドして転職する、「軸ずらし転職」の細分化版「**ちょいスラ転職**」をこれから紹介します。

「ちょいスラ転職」の3方向

「ちょいスラ転職」では、まず3つの方向を検討します。**3方向とは「業界」と「職種」、そして役職と会社の「ポジション」です。**この3つをあなたの今の業界、今の職種、今のポジションから〝ちょっとだけ〟スライドして転職します。それが「ちょいスラ転職」の極意です。あまり飛び過ぎると適応するまでの壁が高すぎて今後のキャリアにも影響するため、コツは〝ちょっとだけ〟です。「業界」と「職種」はすでに説明していますので、ここでは「ポジション」について取り扱います。

役職のポジションとは

まず役職から。役職とは、会社内におけるポジションを明確にするものです。皆さんもご存知の通り、役職が上がるほど年収は高くなり、会社内での責任も大きくなります。役職を細かく分類すると、「プレイヤー」と「管理職」の2つに分かれます。

例）プレイヤー…一般社員、主任、係長、プログラマー、システムエンジニア、プロフェッショナル、スペシャリスト等

管　理　職…課長、部長、本部長、社長、リーダー、マネジャー、ディレクター、CEO等

この「役職のポジションを〝ちょっとだけ〟スライドする」とは、転職を機に役職を1つ上げることとです。役職は「業界×職種」で決定される年収の大枠内での位置を決めてくれる「能力」の証明ですから、これをスライドすれば「同業界同職種」への転職でも年収はアップします。私は「同業界同職種」で親会社を経由してプログラマー⇒システムエンジニアへと転籍後、年収が100万円アップしました（4社目⇒5社目⇒6社目）。2つ以上は飛び過ぎるので1つでいいです。業界も変わらず、エンジニアという大枠の職種も変わらないのに年収アップ、いいですよね。

ただ、前述の3つの軸ずらしと比較すると年収アップはそれほどでもないですし、もしプレイヤーだったあなたが、新しい職場環境の中で未経験のうちに管理職になってしまったなら、想像以上に大変です。管理職1年目でマネジメントの右も左もわか

らない状態なのに、これまで一緒に働いたことがない人たちを率いるのはハードルが高いからです。

役職はプレイヤーと管理職で分かれていますから、プレイヤーの中で役職を上げるか、管理職として役職を上げるかなら、そこまで差異はないので負担は少ないでしょう。このように、年収アップの度合いで役職のポジションを1つ、〝ちょっとだけ〟スライドするのを考慮してみてください。

会社のポジションとは

これまで転職で年収アップさせるには、企業規模が大きな会社へ転職するという方法が一般的でした。それにプラスされたのが、業界や職種をずらして年収の高い業界や職種へと転職していく「軸ずらし転職」です。それを細分化した「ちょいスラ転職」に役職と、これから説明する会社のポジションをずらす視点も加えることでリスクなく年収を上げていきます。

年収300万円から脱出する

「転職の技法」

（日本能率協会マネジメントセンター刊）

読者限定
無料特典

本書をお買い上げいただきありがとうございます。
本書の内容をより深く理解していただくために、
3つの読者プレゼントをご用意しました!

特典 1
動画30分

著者自身による「転職の技法」徹底解説動画

本書を通して著者が読者のみなさんに何を伝えたかったのか、そのエッセンスやポイントをインタビュー形式で動画にしました。今回のプレゼント用に新たに作成したオリジナル解説動画です。

特典 2
PDF
ファイル

「ポジション移動図」ワークシートPDF

「転職の技法」の中でも、年収アップするためのロードマップである「ポジション移動図」をワークシートにまとめました。簡単に印刷・自作できるように、PDFファイルでさしあげます。

特典 3
無料ワーク
ショップ

「転職の技法」無料ワークショップご招待

「ポジション移動図」を自分で書こうとしたけど難しい、書けない、選択肢が思い浮かばない。そんな読者のみなさんに、著者と一緒に作成する無料ワークショップを用意しました。

■このURLにアクセスすると「3大特典」を無料で入手できます。
https://17auto.biz/asami-consulting/registp/tensyoku.htm
※上記は予告なく終了する場合がございます。

会社のポジションとは、※P87で説明している「商流の位置」です。会社同士の商流の代表的な例は3つありましたが、この商流の上流・下流どちらかのポジションを取っている会社へ〝ちょっとだけ〟スライド転職することです。

会社のポジション移動では、「業界×職種」のどちらかあるいは両方とも軸ずらしでき、かつ今の業界や職種と関係性の強い会社への転職が可能です。これを狙えば遠くへ飛び過ぎる「軸ずらし転職」を防止できますし、現在の会社のポジションで得られた知識と経験がそのまま「ちょいスラ転職」先に評価されますので、年収は確実にアップします。

私は会社のポジション移動で、ＩＴ業界の2次請けプロジェクトリーダー⇒元請けプロジェクトマネジャーへと転職後、年収が１００万円アップしました（9社目⇒10社目）。業界も変わらず、エンジニアという大枠の職種も変わらないのに年収アップ、いいですよね。役職まで上げてしまいましたが、商流の代表的な例のうち、下請け（2次請け）企業から、そこに発注している元請け企業へと商流を上がることで年収はアップできます。元請け企業は、下請け（2次請け）企業が持っているシステム開発現場の情報や経験を欲しがる傾向にありますから。

会社のポジション移動は、仕入から販売に至る流れでも、依頼元から依頼先に至る流れでも同じです。商社からメーカー、物流会社から依頼元（仮に大型重機を取り扱う建設会社）へのポジション移動は、一般的には企業規模も大きくなりますし、その分会社の儲けも大きいため、年収アップがしやすくなります。

例1）「建設資材の商社で営業をしていた経験を活かし、仕入先であるメーカーのリサーチ／市場調査部へ転職しました」

例2）「物流会社でドライバーをしていた経験を活かし、建設会社での購買・資材調達部へ転職しました」

商流は個人への接客（toC）へ近づくほどブラック化しやすいので、会社のポジション移動の基本は対会社（toB）が基本となる、「商流を上がる」ことです。あえて下流へと移動することで年収アップを狙う〝ちょっとだけ〟スライド転職もありますが、その場合、商流が下の業界や会社が、今の会社や業界より儲かっていることと、役職は必ずアップさせるのが条件となります。そうでないと年収アップにはつながりません。

役職のポジション移動と、会社のポジション移動を「ポジション移動図」にまとめると、**図6**のような感じです。

商流を上がるなら役職が1つくらい下がっても年収はアップしますが、逆に商流を下がるなら役職は上げないと年収ダウンしがちなので×を付けています。商流が変わらない業界や職種への転職も、年収アップのために役職は必ず上げてください。

図6 ポジション移動図

商社の営業課長からスタート

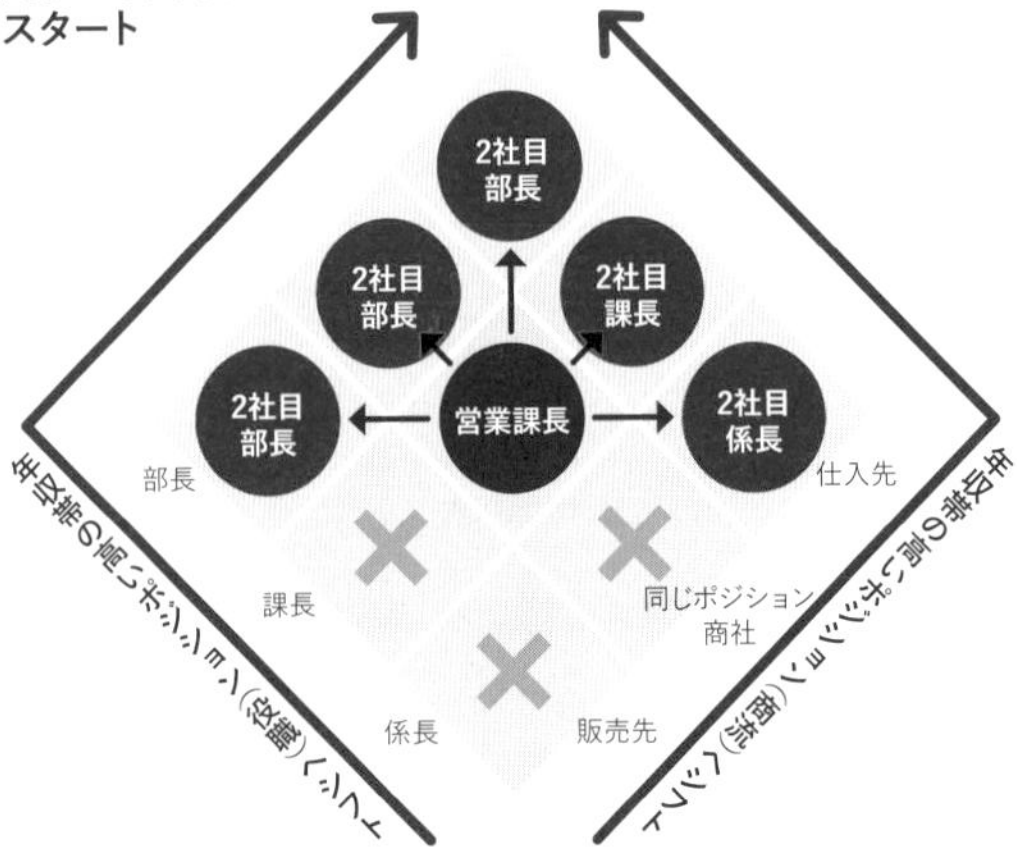

商社の場合は仕入先か販売先へ横移動する。
この場合、業界が変わることもあるが（メーカーや建設、不動産等）、元のポジションで得た知識と経験は重宝されるし活かせるので、職種だけ共通する軸ずらしより有効。
小売業界やメーカー、飲食業も同じ。

物流の管理部門係長からスタート

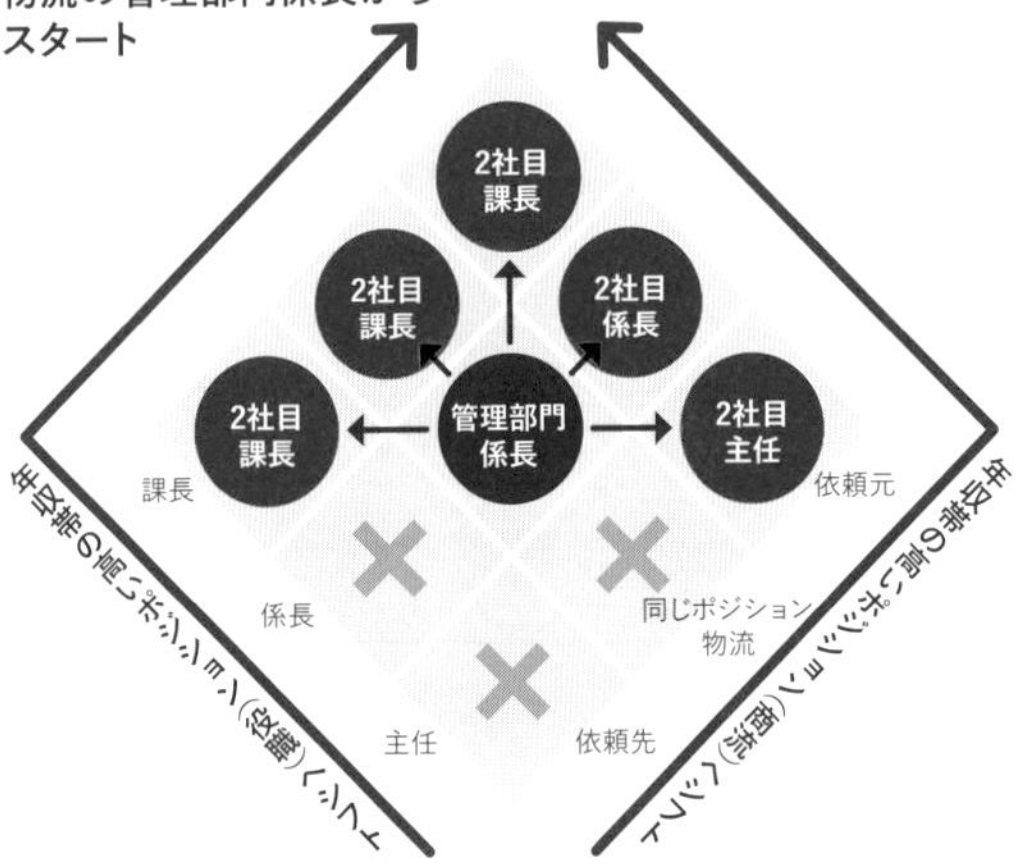

物流の場合は依頼元か依頼先へ横移動する。
この場合も、業界が変わることもあるが（建設やメーカー、小売等）、元のポジションで得た知識と経験は重宝されるし活かせるので、職種だけ共通する軸ずらしより有効。
サービス業界やレジャー、流通業界、金融・保険、コンサルティング業も同じ。

IT業界のPLからスタート

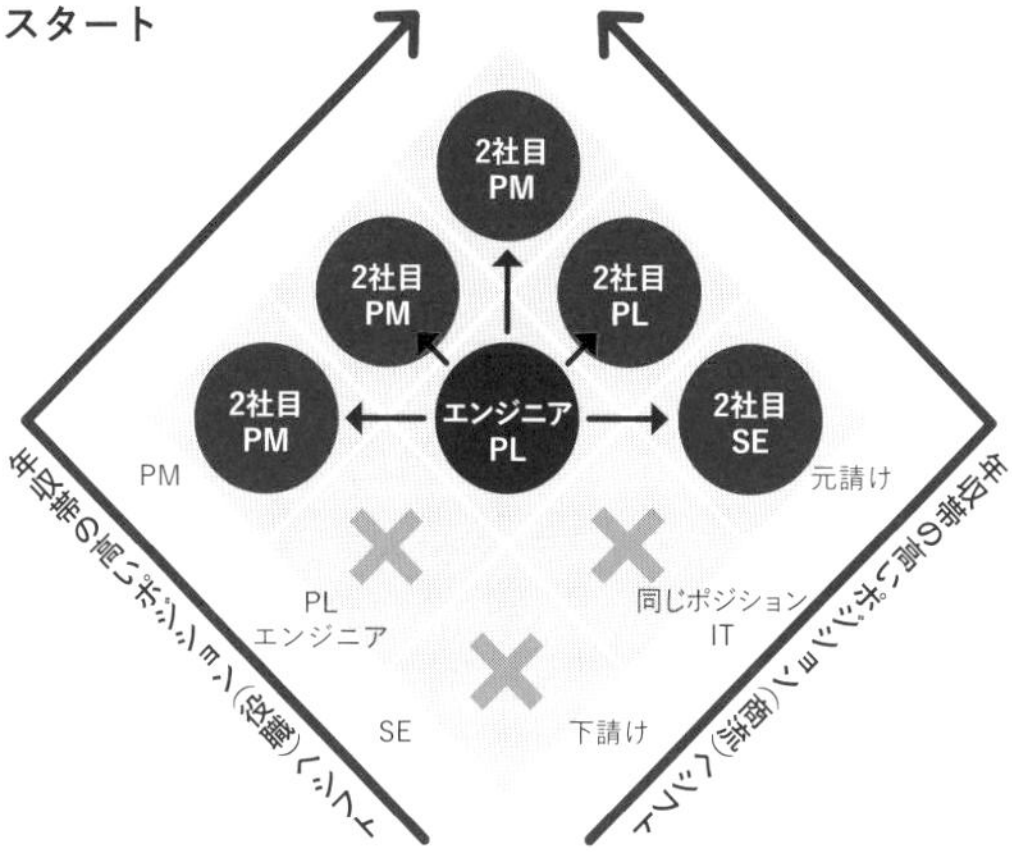

ITの場合は業界のピラミッド構造を上がるか下がるかする。この場合、業界も職種も変わらないが、より発注元に近い元請けへポジション移動することで待遇は良くなる。なので下請けへの移動は役職を上げることが必須となる。

建設業界、看護師や美容師も業界構造はほぼ同じ。（よりゼネコンやサブコン、大規模病院、美容院へ）

不動産業界の営業マンからスタート

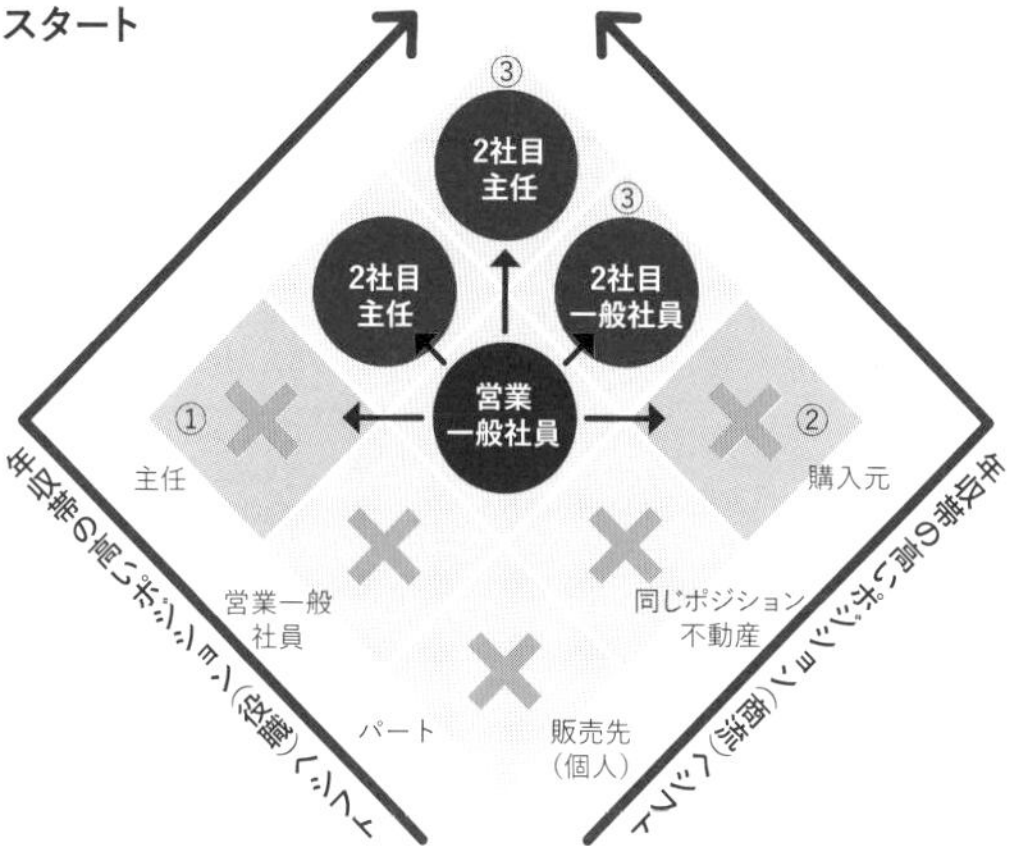

①販売先が個人の場合はちょいスラしないこと。
②正規⇒非正規はちょいスラしないこと。
③もし商流の上流である不動産購入元まで個人への接客（toC）の場合はちょいスラしないこと。

この場合、不動産購入元や販売先は本当に個人だけなのか（例えば企業からの購入はないのか、企業の社宅のようなtoBへの販売はないのか）、経営者目線（P136参照）で考えること。

飲食業等の個人相手のビジネスはほぼ同じ。

業界×職種×ポジション

それでは実際に「ちょいスラ転職」による「ポジション移動図」の作成手順を説明します。「軸ずらし転職」の「業界×職種」の要素も取り入れ、飛び過ぎないか、今までの知識と経験が活かせるのか、年収アップするのかを簡単にチェックできるのが「ポジション移動図」です。

「ポジション移動図」は、次の7ステップで完成します。（※図7-1、7-2）

①9マスの真ん中に、現在の商流の位置である業界と役職を書きます。
②前後に商流の上流・下流にあたる業界と、今の役職の1つ上と1つ下を入れていきます。
③年収アップしない可能性が高いポジションである下3つに×を付けます。
④商流の業界チェック。知識と経験がまったくないところは×を付けます。
⑤〝ちょっとだけ〟でも知識と経験のあるマス目に〇を付けます。これで「ポジション移動図」は完成です。

⑥現職で培ったタグを活かせ、かつ今の仕事でやっていることと2〜3割は重なる職種を3つ、現在の職種の「中分類」（※表5 P129）から選択して欄に記入します。

⑦⑥を「ポジション移動図」と照らし合わせて、応募先候補として一覧化します。

これで、応募しても大丈夫な業界、職種、役職が手に入りました。もし④⑤で全部×が付いてしまった場合は、再度②の商流の上下にあたる業界をじっくり考えてみてください。どの業界とも付き合いがない、元請けや下請けの関係性もない、企業規模の大小すらない商流というのは存在しません。逆に、あまりにも応募候補が多くなった場合は、④⑤のチェックを厳し目にすれば精査可能です。

仕入先や販売先の業界が多かったり、過去に経験したことがある業界が多かったりする場合は、複数枚「ポジション移動図」を作成するのもアリです。

この条件を満たす企業を応募先として選定すれば、入社後に「こんなはずじゃなかった…」と仕事や職場環境に適応できないこともなく、「業界×職種×ポジション」を〝ちょっとだけ〟スライドさせることで年収アップが可能です。

図7-1 | ポジション移動図７ステップの例①

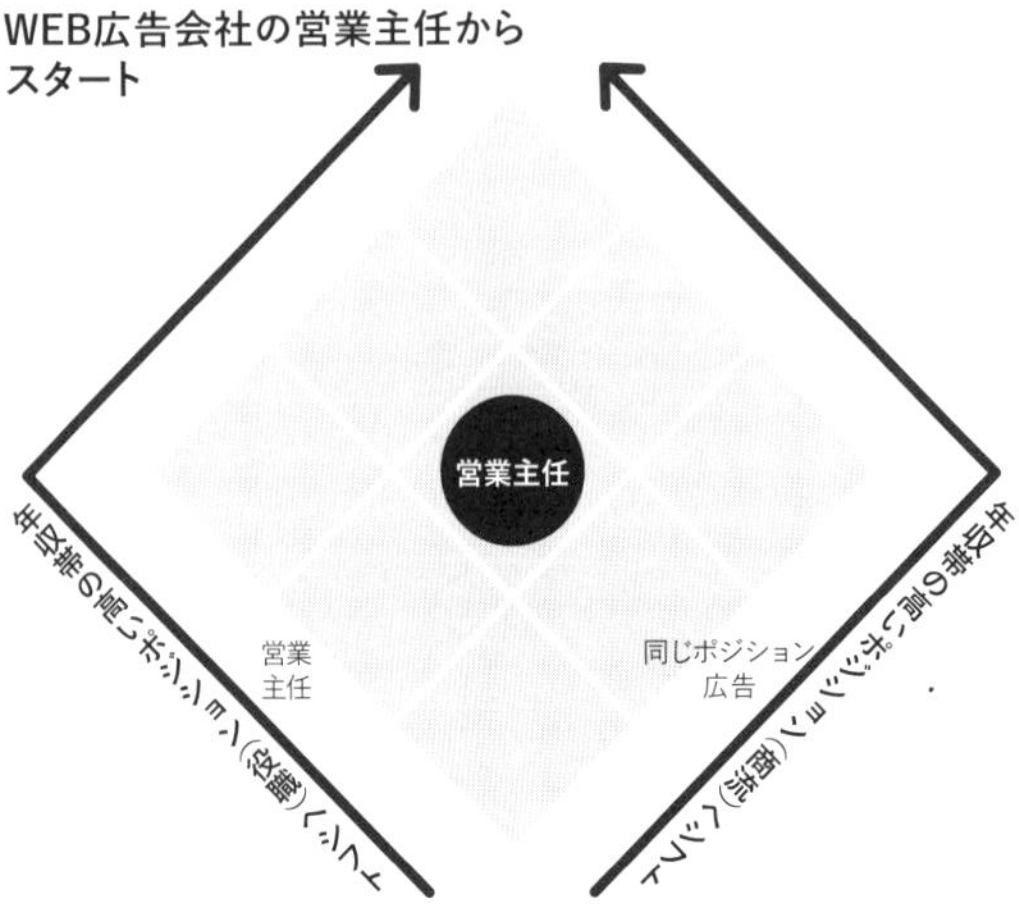

①９マスの真ん中に、現在の商流の位置である業界と役職を書きます

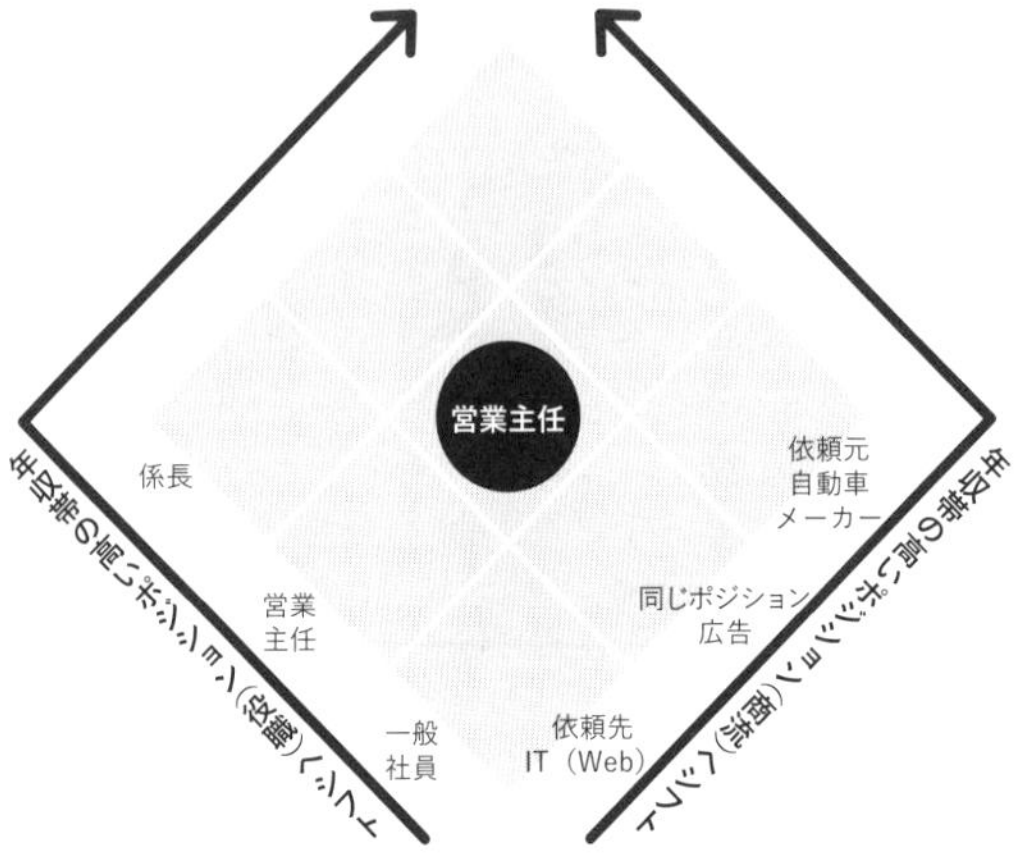

②前後に商流の上流・下流にあたる業界と、今の役職の１つ上と１つ下を入れていきます。
※過去に自動車メーカーからの依頼でｗｅｂ広告を出稿した経験あり

③年収アップしない可能性が高いポジションである下3つに×を付けます。

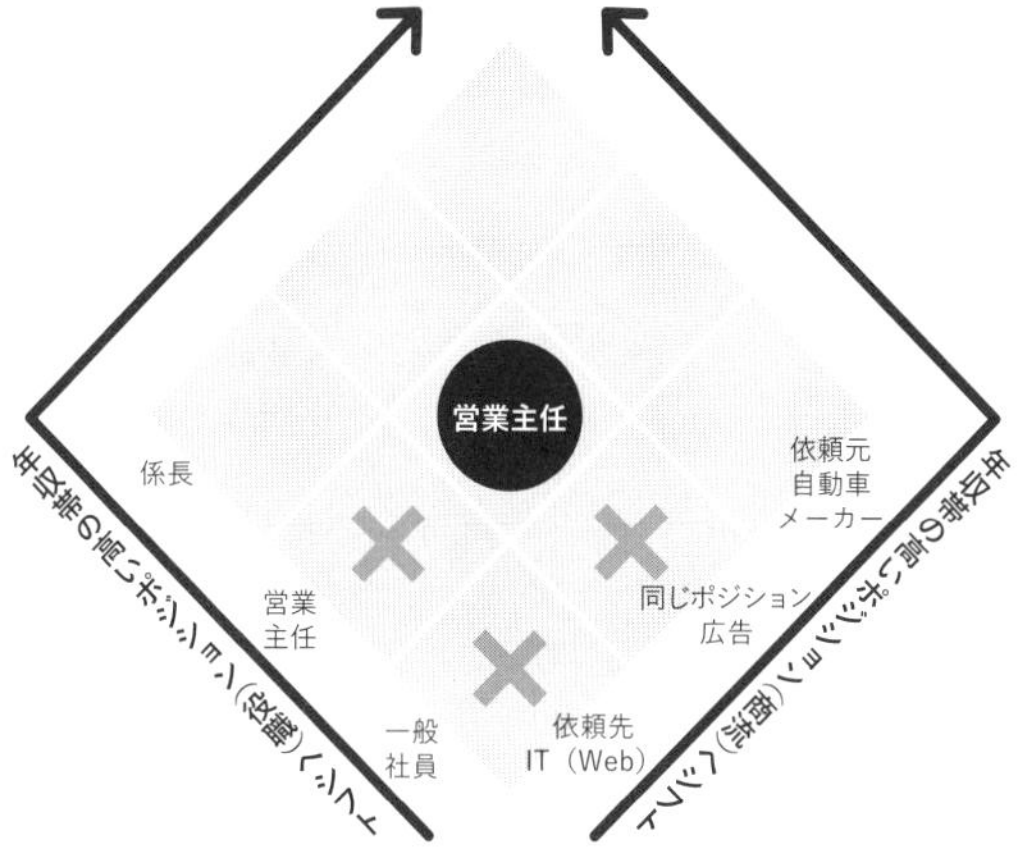

④商流の業界チェク。知識と経験がまったくないところは×を付けます。

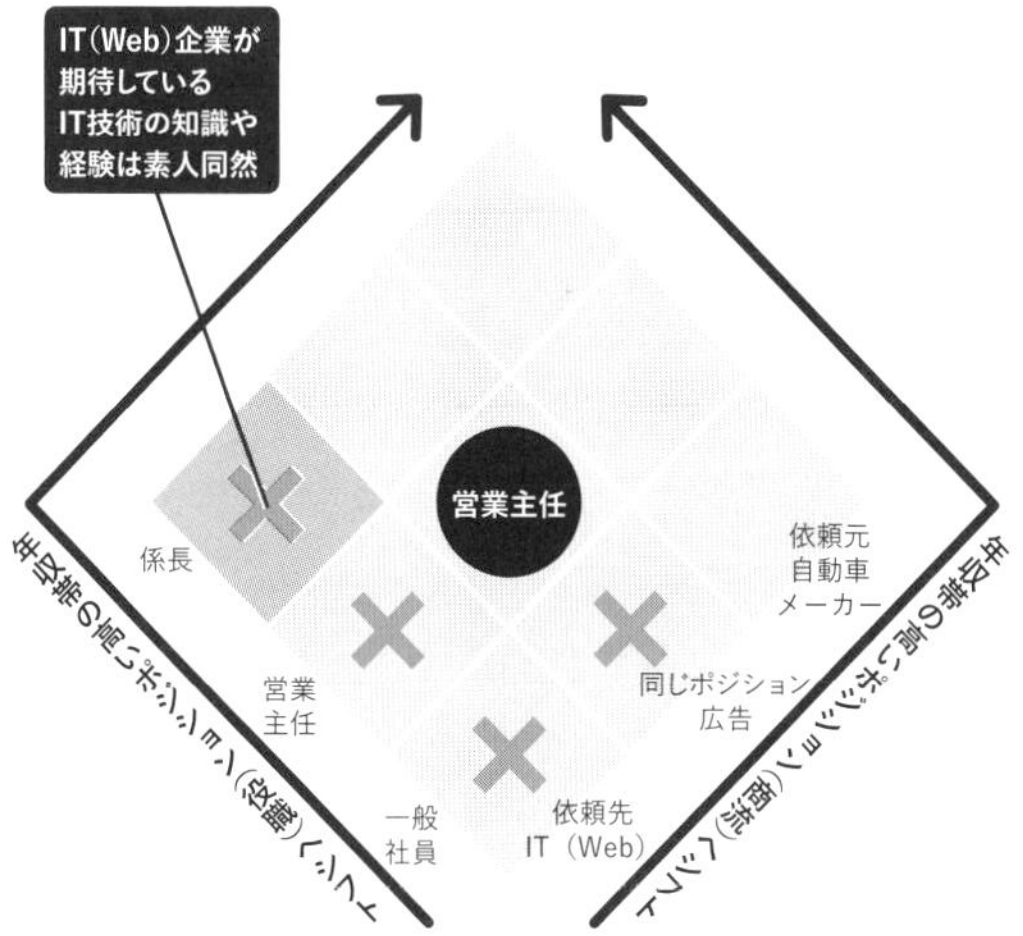

⑤ "ちょっとだけ"でも知識と経験のあるマス目に○を付けます。
これで「ポジション移動図」は完成です。

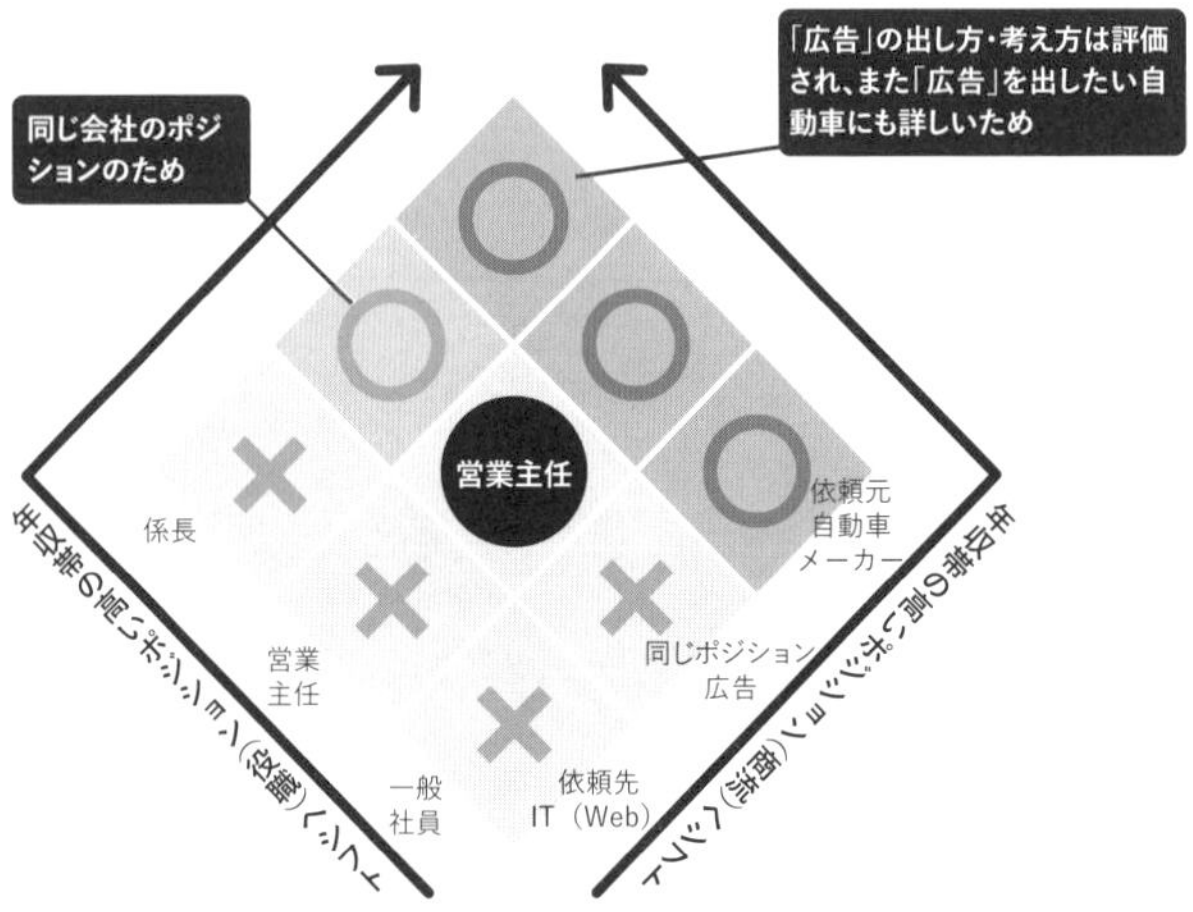

⑥ 現職で培ったタグを活かせ、かつ今の仕事でやっていることと2〜3割は重なる職種を3つ、現在の職種の「中分類」（表5 P129）から選択して欄に記入します。

営業職の中分類：

営業／企画営業（法人向け）、営業／企画営業（個人向け）、代理店営業／パートナーセールス、内勤営業／カウンターセールス、ルートセールス、渉外／外商、海外営業、メディカル営業（MR・MS・その他）

3つ選択

1. 営業／企画営業（法人向け）
2. 内勤営業／カウンターセールス
3. ルートセールス

⑦⑥を「ポジション移動図」と照らし合わせて、応募先候補として一覧化します。

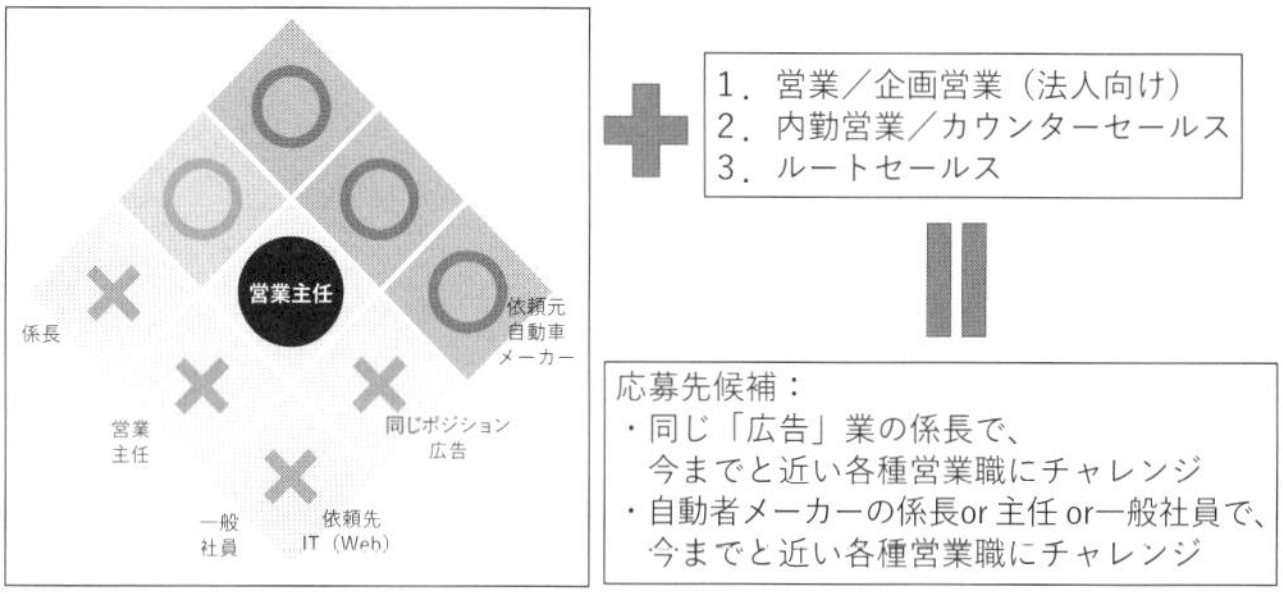

これが「ちょいスラ転職」です。

図7-2 ポジション移動図７ステップの例②

①9マスの真ん中に、現在の商流の位置である業界と役職を書きます。

メーカー「ラーメンの麺」の生産技術の課長からスタート

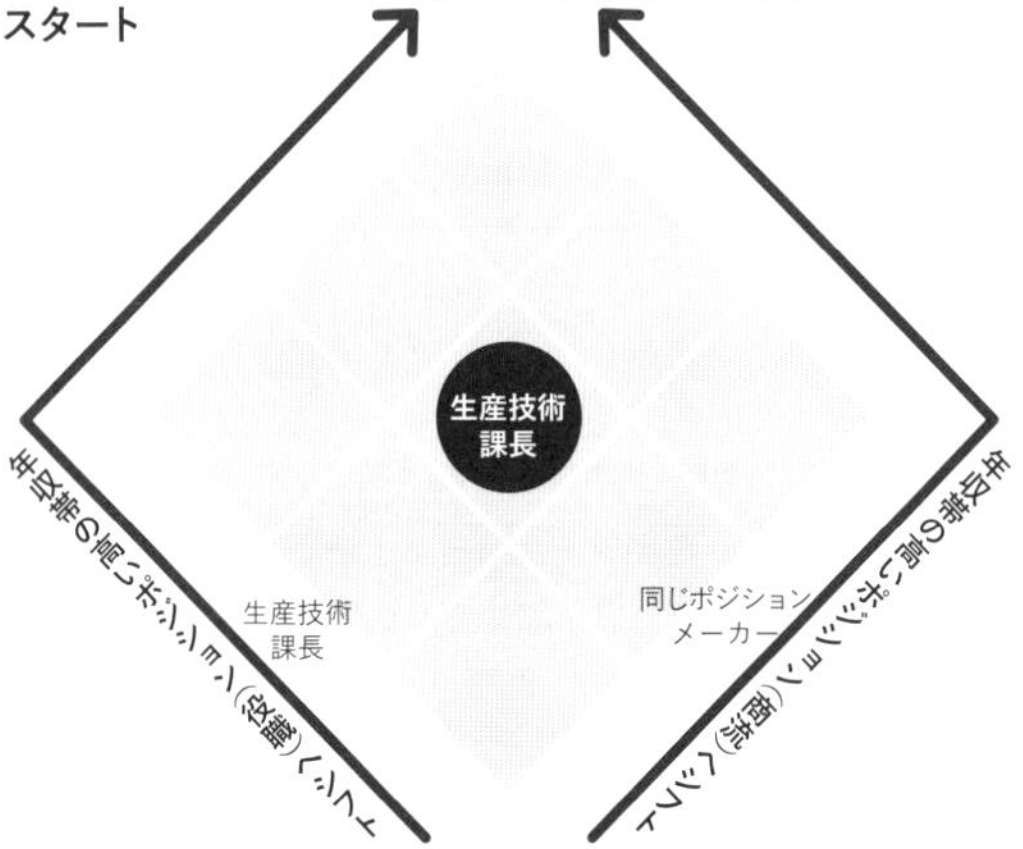

②前後に商流の上流・下流にあたる業界と、今の役職の1つ上と1つ下を入れていきます。
※小麦粉を仕入れて「ラーメンの麺」を製造、ラーメンチェーンに販売している。

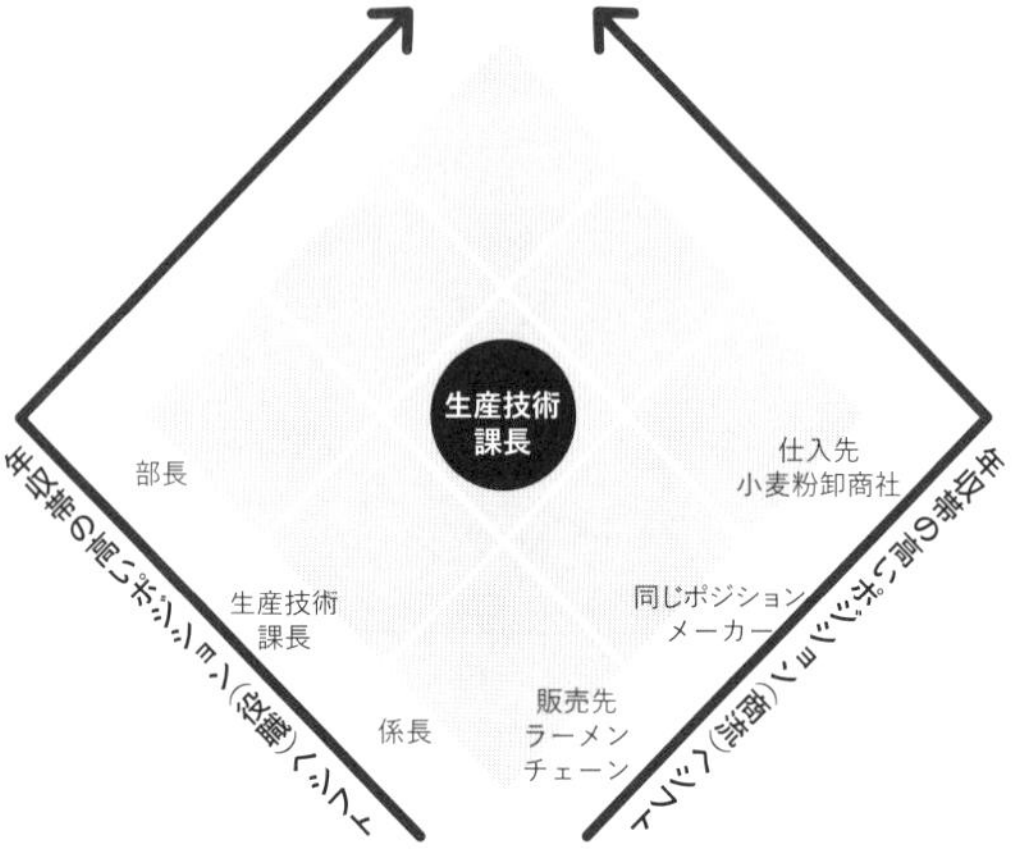

③年収アップしない可能性が高いポジションである下3つに×を付けます。

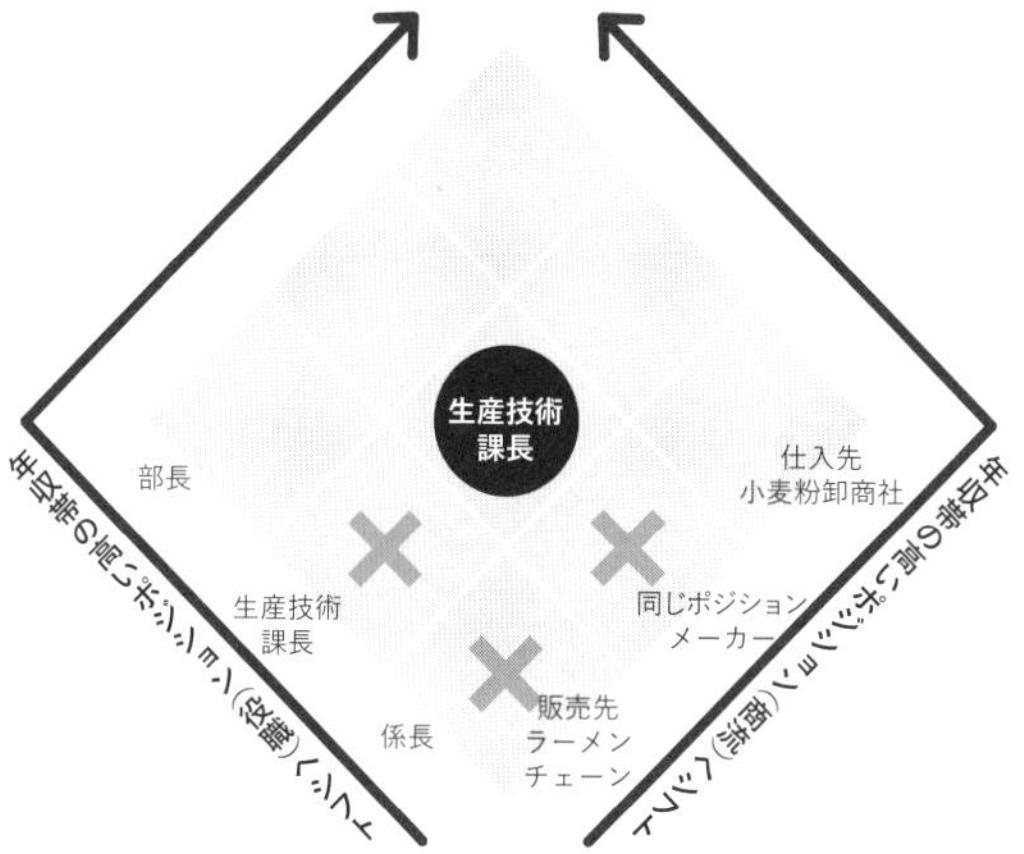

④商流の業界チェック。知識と経験がまったくなくて難しいところは×を付けます。

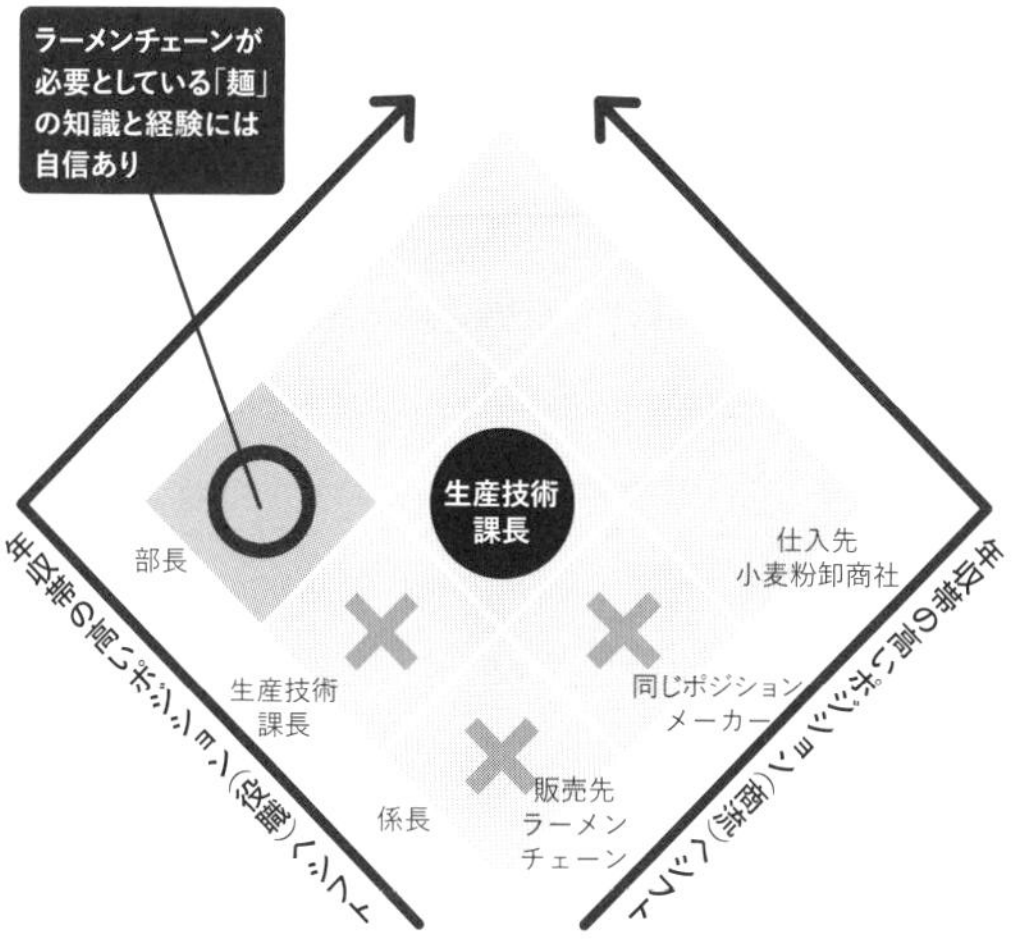

⑤"ちょっとだけ"でも知識と経験のあるマス目に○を付けます。これで「ポジション移動図」は完成です。

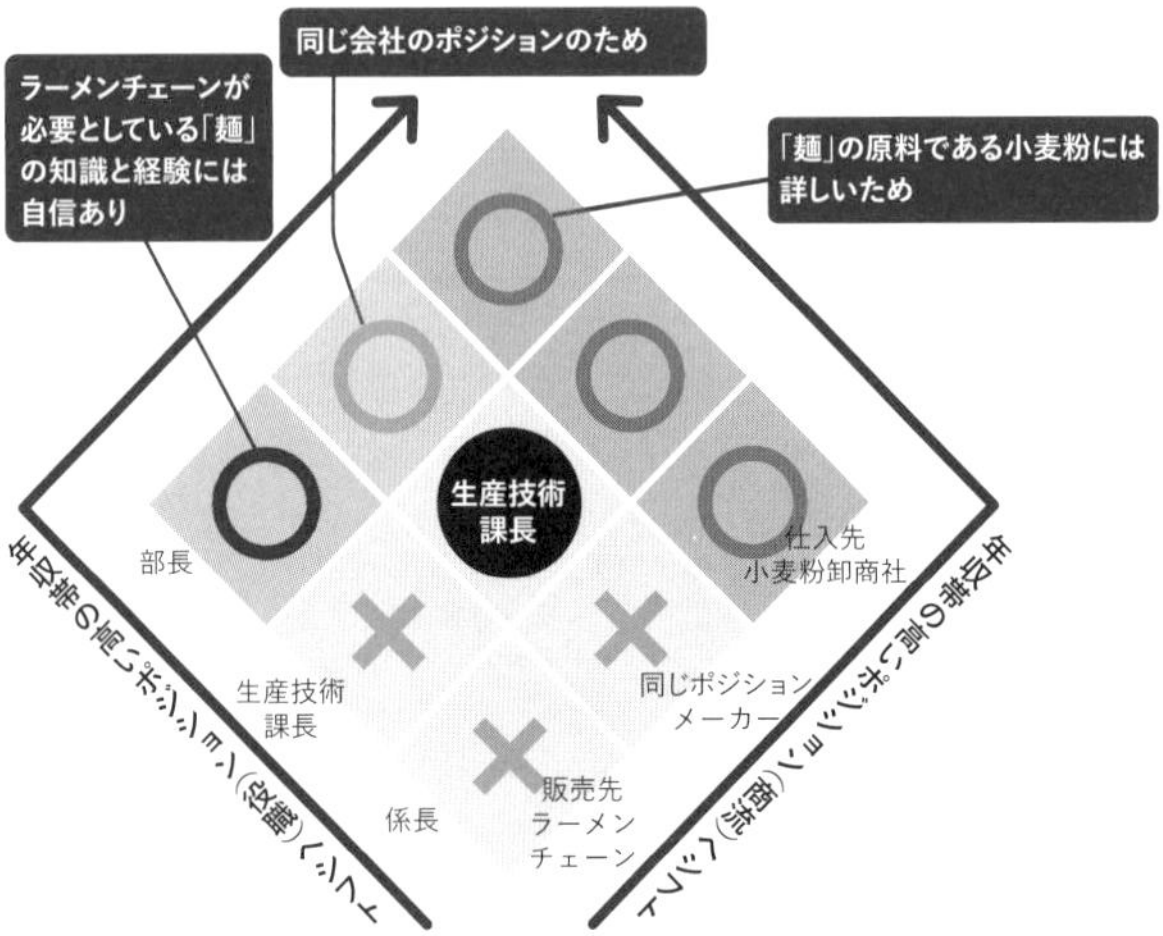

⑥現職で培ったタグを活かせ、かつ今の仕事でやっていることと2～3割は重なる職種を3つ、現在の職種の「中分類」（表5 P129）から選択して欄に記入します。

モノづくりの中分類：

基礎研究、製品企画、機械設計／金型設計／光学設計、回路設計、組み込みエンジニア、評価／実験／デバッグ、品質管理／品質保証、生産技術、技術営業、整備士／サービスエンジニア等

3つ選択

1. 製品企画
2. 生産技術
3. 品質管理／品質保証

⑦⑥を「ポジション移動図」と照らし合わせて、応募先候補として一覧化します。

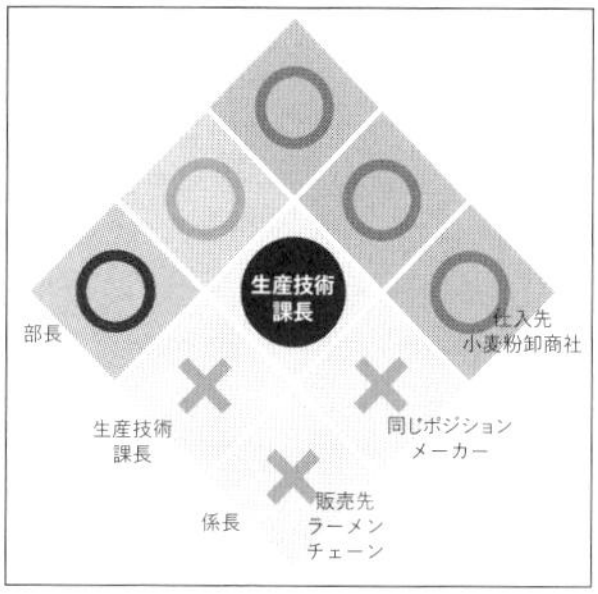

1. 製品企画
2. 生産技術
3. 品質管理／品質保証

応募先候補：
・ラーメンチェーンの部長で、
今までと近い各種モノづくり職にチャレンジ
・同じメーカーの部長で、
今までと近い各種モノづくり職にチャレンジ
・小麦粉商社の部長or 課長or 係長で、
今までと近い各種モノづくり職にチャレンジ

「ちょいスラ」していい、してはいけない業界×職種×ポジション

この本で紹介している「ちょいスラ転職」は、ほとんどの業界・職種・ポジションの会社で有効です。そのうえで、業界・職種・ポジション別に、応募をおススメするOK企業と、できれば避けてもらいたいNG企業をお伝えします。○○株式会社はマジでヤバい、みたいな名指しではなく、年収アップの難易度といった視点での話ですが、「ポジション移動図」の作成や応募先の選定の参考としていただければと思います。

「ちょいスラ」していい業界、してはいけない業界

これは単純に、平均年収が大きい業界へ「ちょいスラ」すればいいです。業界が年収の大枠を決めるからですよね。それと企業規模も関係します。同じ職種で業務内容が同じでも、一般的に中小企業よりも大企業のほうが年収は高いので。

ただし、財閥系のような伝統ある歴史の古い大企業は中途採用自体が少ないか、募

集人数を相当絞っていますので採用までの道のりは厳しいでしょう。歴史が浅いベンチャー企業なら間口も広いですし、会社のカルチャー的にも中途採用組が力を発揮できる環境が用意されていますので、伝統と格式にはこだわる必要はありません。

ここでは、業界別モデル年収平均ランキングを紹介します。この上位の業界へ転職を狙うのが、効率的な年収アップの秘訣です。（※表4）

「ポジション移動図」作成手順の②で現職の商流の上流・下流にあたる業界を記入しますが、そこで、表4のランキング上位の業界を記入できるか、ぜひ確認してください。下位に沈んでいる業界はなるべく避けたほうがよいでしょう。自分は下位の業界にどうしても関わりたいんだ、という希望をお持ちの人は「ポジション移動図」のとおり、役職だけは何としても上げてください。

このランキング、なんだか全体的に平均年収がどの業界も高いような気もしますが、求人の「モデル年収例」から算出した平均値なので、数字のマジックでどうしても高くなってしまいます。企業側としてはなるべく質のいい人材を可能な限り安価で採用

表4 | 業界別モデル年収平均ランキング

順位	業界大分類	業界中分類	主な業種	年収
1	金融・保険	外資系金融	外資系金融	1,523
2	金融・保険	投資	投資信託委託・投資顧問、商品取引、証券・投資銀行	948
3	不動産・建設・設備	不動産	不動産	779
4	環境・エネルギー	環境・エネルギー	環境関連設備、電力・ガス・エネルギー、環境・リサイクル	633
5	不動産・建設・設備	住宅関連	住宅・建材・エクステリアインテリア・住宅関連	633
6	コンサルティング	コンサルティング	専門コンサルタント、シンクタンク・マーケティング・調査、個人事務所(士業)	621
7	金融・保険	金融	金融総合グループ、政府系・系統金融機関、銀行、事業者・消費者金融、その他金融、共済、信用組合・信用金庫・労働金庫	584
8	金融・保険	保険	生命保険・損害保険、リース・レンタル、クレジット・信販	578
9	不動産・建設・設備	建設・設備	リフォーム・内装工事、建設コンサルタント、建設・土木、設計、設備工事	576
10	商社	商社	総合商社、専門商社	573
11	IT・通信・インターネット	IT・インターネット	ゲーム関連、ソフトウェア・情報処理、インターネット関連	564
12	サービス・レジャー	レジャー	旅行・観光、レジャーサービス・アミューズメント	550
13	流通・小売・飲食	宝飾品・貴金属	宝飾品・貴金属	542
14	運輸・交通・物流・倉庫	運輸・交通	海運・鉄道・空輸・陸運	527
14	メーカー	メーカー	総合電機、プラント・エンジニアリング、自動車等輸送用機器、その他電気・電子関連、半導体・電子・電気機器、コンピューター機器、精密機器、ゲーム・アミューズメント製品、家電・AV機器、通信機器、重電・産業用電気機器、医療用機器・医療関連	527

16	マスコミ・広告・デザイン	マスコミ・広告	広告、新聞・出版・印刷、放送・映像・音響	523
17	IT・通信・インターネット	通信	通信関連	518
18	サービス・レジャー	教育	教育	512
19	流通・小売・飲食	流通	流通・チェーンストア、通信販売・ネット販売	507
20	マスコミ・広告・デザイン	デザイン	アート・芸能関連、ディスプレイ・空間デザイン・イベント	501
21	流通・小売・飲食	小売	各専門店、ドラッグストア・調剤薬局、ホームセンター、百貨店、コンビニエンスストア	495
22	サービス・レジャー	サービス	冠婚葬祭、人材派遣・人材紹介、アウトソーシング、ビル管理・メンテナンス、セキュリティ、フィットネスクラブ、その他サービス	488
23	流通・小売・飲食	化粧品・医薬品	化粧品・医薬品	483
24	サービス・レジャー	美容・理容	エステティック・美容・理容	482
25	流通・小売・飲食	外食	総合、洋食、和食、アジア系、ファストフード	478
26	運輸・交通・物流・倉庫	物流・倉庫	物流・倉庫	476
27	メーカー	生活関連	日用品・雑貨、スポーツ・レジャー用品（メーカー）、文具・事務機器関連、食品、繊維・アパレル、その他メーカー	474
28	メーカー	素材メーカー	繊維、鉱業・金属製品・鉄鋼、セメント、ガラス・化学・石油、窯業・セラミック、ゴム、非鉄金属、紙・パルプ	471
29	サービス・レジャー	医療・福祉・介護	医療・福祉・介護サービス	448
30	サービス・レジャー	ホテル・旅館	ホテル・旅館	428

出所：マイナビ転職「2022年版　業種別　モデル年収平均ランキング（https://tenshoku.mynavi.jp/knowhow/income/ranking/02/）」を参考に作成　※公的機関、その他は除外

したいと考えるので、求人票に記載された「モデル年収」という名の想定年収の上限で採用されることはまずありません。どの業界もマイナス100万円するとちょうどいいかもしれません。

「ちょいスラ」していい職種、してはいけない職種

職種の「ちょいスラ」は優先順位を下げて大丈夫です。年収アップには業界を「ちょいスラ」するほうが効果的なので、職種を固定して異なる業界やポジションへ「ちょいスラ転職」するのが最もリスクなく年収を上げる方法だからです。職種はやりたくてできる仕事への転職を目的とするか、同じ業界内でもっと仕事の範囲を広げて活躍の場を増やしていきたい場合のみ「ちょいスラ」しましょう。あくまで〝ちょっとだけ〟スライドです。

ここでは、職種の関連性をまとめた職種分類を紹介します。この職種分類の中分類の中で「ちょいスラ」するのが、効率的な年収アップの秘訣です。（※表5）

表5 職種分類

No.	大分類	中分類
1	営業	営業／企画営業（法人）、営業／企画営業(個人)、代理店営業／パートナーセールス、内勤営業／カウンターセールス、ルートセールス／渉外／外商、海外営業、メディカル営業（MR・MS・その他）等
2	企画／管理	商品企画／サービス企画、リサーチ／市場調査、広告宣伝、営業企画、広報／PR／IR、購買／資材調達、物流／倉庫／在庫管理、貿易／国際業務、経営企画／事業企画、経理／財務／税務／会計、総務、人事、法務／知的財産／特許、内部監査 等
3	事務／アシスタント	経理／財務事務、総務／法務／知財／広報事務、人事事務、貿易事務、企画／マーケティング関連事務、金融事務、英文事務／翻訳／通訳、医療事務、秘書／受付、営業事務、一般事務、テクニカルサポート／ヘルプデスク 等
4	IT エンジニア	IT コンサルタント、インフラコンサルタント、プリセールス、アナリスト、Web、アプリケーション、サーバー、ネットワーク、データベース、セキュリティ、社内 SE、研究開発／R&D、品質管理 等
5	モノづくり	基礎研究、製品企画、機械設計／金型設計／光学設計、回路設計、組み込みエンジニア、評価／実験／デバッグ、品質管理／品質保証、生産技術、技術営業、整備士／サービスエンジニア 等
6	建築／土木	技術開発／部材開発／解析／調査、建築設計／デザイン／積算／測量、施工管理、設計監理／施工監理／コンストラクションマネジメント、プラントエンジニア、CAD オペレーター、品質管理／品質保証、設備保全／保守／設備メンテナンス 等

7	素材／科学／食品／医学	研究／開発、分析／評価、生産／製造／工場運営、品質管理／品質保証、臨床研究、データマネジメント、薬事、生産／製造、学術／メディカルサイエンスリエゾン 等
8	クリエイティブ	プロデューサー／ディレクター／プランナー、編集／記者／ライター、デザイナー／クリエイター、ファッション系クリエイティブ職、ゲームクリエイター（Web・モバイル・ソーシャル）、芸能マネジャー 等
9	金融／コンサルタント／不動産	運用／投資銀行、融資審査／契約保全、決算／計理／カストディ、ファンドマネジャー、トレーダー／ディーラー、各専門コンサルタント、ISO、M&A、不動産鑑定、デューデリジェンス、不動産管理、アセットマネージャー 等
10	医療／福祉	薬剤師、登録販売者、看護師／保健師／助産師、歯科技工士／歯科衛生士、理学／作業療法士、言語聴覚士／視能訓練士、臨床心理士、医療事務、福祉／介護／栄養、事業責任者／施設長、ケアマネジャー、ヘルパー、生活相談員／生活支援員 等
11	販売／サービス	店長、販売／接客担当、バイヤー／MD、店舗／施設管理／店舗開発、調理／ホールスタッフ／フロアスタッフ、美容／エステ／マッサージ、旅行／宿泊／ホテル、冠婚葬祭関連職、運輸／物流サービス、警備／清掃／監視／保守、ドライバー 等
12	保育／教育／人材	教育／スクール運営、保育、講師、人材コーディネーター、コールセンター／カスタマーサポート、コールセンター管理／運営、サポートデスク／テクニカルサポート、オペレーター／アポインター 等

出所：マイナビ転職 TOP「職種から求人を探す（https://tensyoku.mynavi.jp/）」
及び doda「職種図鑑（https://doda.jp/guide/zukan/）」を参考に作成

「ポジション移動図」作成手順の「⑥現職で培ったタグを活かせ、かつ今の仕事でやってることと2～3割は重なる職種を3つ探す」のに、ぜひ活用してみてください。職種分類の大分類を変えたり、未経験の職種への転職は避けましょう。
　自分はまったく別の職種にどうしても移りたいんだ、という希望をお持ちの人は、業界だけは変えずに固定してください。そうでないと飛び過ぎる「軸ずらし転職」となります。

　職種の大分類を変える転職は、難易度が高い割には年収アップしません。営業からITエンジニアへ、モノづくりから医療／福祉へ、販売／サービスからクリエイティブへ…いくら「ポータブルスキルが活かせそう！」「自分のタグが評価されるはず！」と考えても、これまでの経歴と無関連職種への移動は実力を発揮するまで相応の苦労が伴いますし、適応するまで時間もかかります。「モデル年収」には遠く及ばない、求人票の年収レンジの真ん中より下にされること間違いなしです。

　「それでも年収もアップさせて、職種の大分類を変えたいんだ」と希望する欲張りさんは、「ポジション移動図」作成手順の②前後に商流の上流・下流にあたる業界と密接に関わる職種を検討してください。〝ちょっとだけ〟スライドとは言えない「軸ずらし転職」となりますが、それでも飛び過ぎを注意すれば何とかなるでしょう。いや、「何とかなる」ではなく「何とかする」マインドで飛んでみてください。あまりおススメしませんが。

「ちょいスラ」していいポジション、してはいけないポジション

役職のポジションについては「ポジション移動図」どおりです。商流を上がるなら役職は現状維持か1つくらい下がっても年収はアップします。ただ、一度下げた役職を転職後に上げられるのかは分からないので、そのリスクは頭に入れておいてください。逆に商流を下がるか今の業界のままなら、役職を上げないと年収アップは難しくなります。

会社のポジションについては、商流を上がるほうが年収アップの可能性が高まります。もちろん、商流を下がったほうがいい場合もありますが、今の会社のポジションであなたがどれだけ商流が下の業界に貢献できていたのかに左右されます。知識と経験を〝ちょっと〟持っているだけでは、なかなか年収アップまで持っていけないのが

商流を下がる転職です。

ここでは、代表的な業界における会社のポジションをまとめた、ポジションマトリクスを紹介します。このマトリクスで上流に当てはまる業界へ転職を狙うのが、効率的な年収アップの秘訣です。（図8）

「ポジション移動図」作成手順の②で現職の商流の上流・下流にあたる業界を検討する際に当てはめてください。「なかなか当てはまる業界がない」という人もいるかもしれませんが、会社の経営4大資源である「人・モノ・カネ・情報」のどれかは必ず商流を流れます。人材や顧客の流れ、商品やサービスの流れ、資金や資本の流れ、技術やデータの流れといった、売る側（提供する側）と買う側（提供される側）の関係性は、ビジネスそのものですから。

「商流やビジネスと言われても、自分の給料は会社が出してくれるのだからよく分からない」という、26歳当時の私と同じ人向けに、商流の把握についてはもう少し具体的に説明します。

図8　ポジションマトリクス

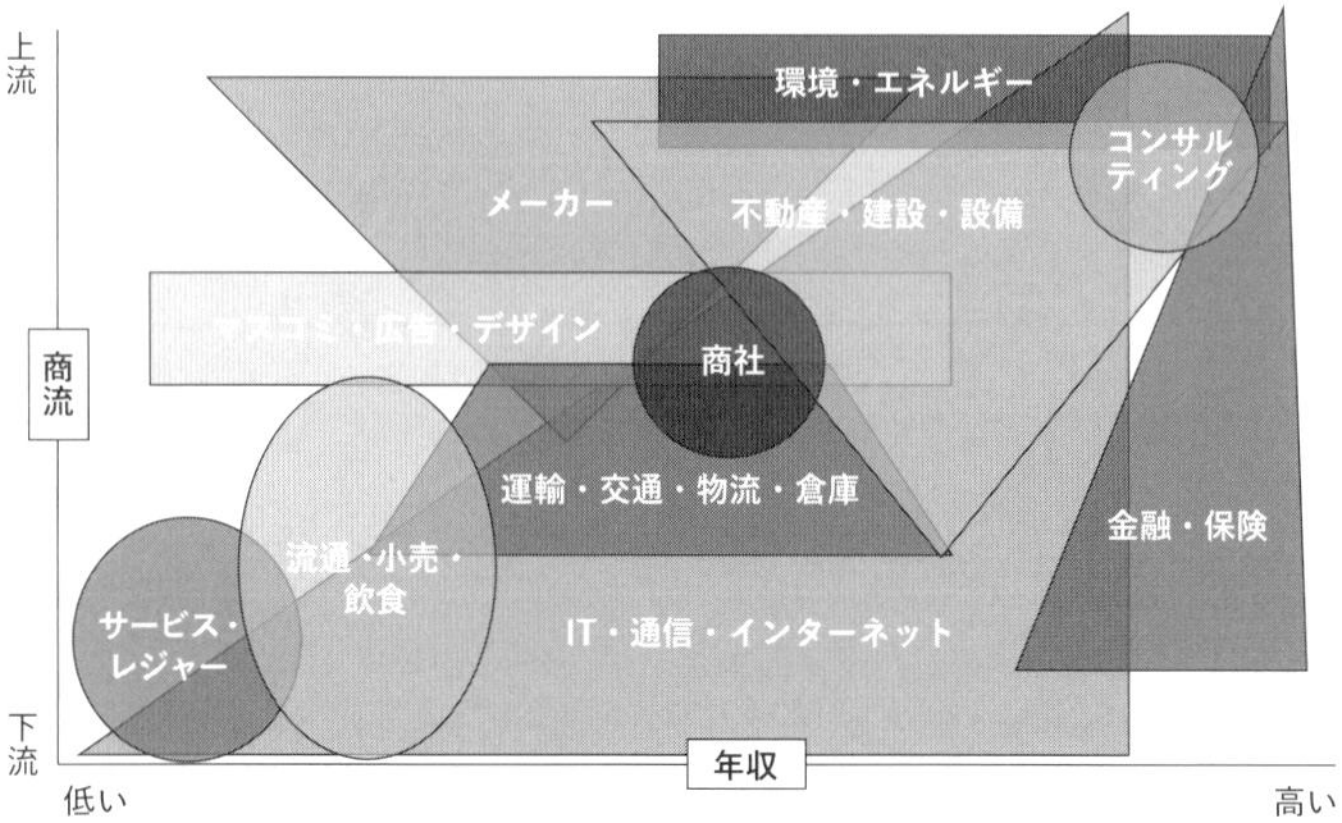

出所：マイナビ転職「2022年版　業種別　モデル年収平均ランキング」（https://tenshoku.mynavi.jp/knowhow/income/ranking/02/）を参考に作成
※公的機関、その他は除外

「ちょいスラ転職」が難しいと思うあなたへ

「ポジション移動図」を作成しようとしたけど難しい。書けない。商流は営業や購買、経理等の経験がないと意識することがないですし、ビジネスも副業や起業といった、一人でなんでもやる立場にならないと学べる機会がそうありません。私も新卒入社からのプログラマー時代は、自分の給料がどこから出ているのか、会社が何をどうやって稼いでいるのか、想像すらしていませんでした。

上司に指示されるがままプログラミングしていただけで、開発したシステムをどこの会社に納品したのかくらいは知っていましたが、いくらで売れたのかは聞かされていませんでしたし、協力会社含めたプロジェクトの開発費用も全体でいくらかかったのか謎のままでした。商流をまったく分かっていなかったのです。

正しい経営者目線とは？

そこで欲しいのが、「経営者目線」です。「経営者と同じ目線に立ちましょう」と聞くと「自分はサラリーマンだし」「経営者とは役割が全然違うし」「経営者目線を持ってほしいなら給料上げろだし」と、なんだか釈然としない気分になった人、正解です。単なる雇われに過ぎない一介のサラリーマンに、なぜ経営者目線まで求めてくるのか。社長とは役割も権力も給料も、見えている景色も違うというのに。だったら役割と権力と、何よりも給料を上げてくれ——私もそう思っていました。

これは「なぜ経営者目線が必要なのか」「経営者目線で考えたら、何がいいのか」が正確に伝わっていないがゆえの誤解です。

巷で上司が、場合によっては経営者自身が社員に言ってくる「経営者目線」とは「もし自分が今の会社の経営者だったらどう考えるか」ですよね。目の前の仕事をただこなすだけでなく、いかに会社の売上を伸ばすのか、会社の成長につながるよう仕事の成果にこだわりなさい。といった意味ですが、これは間違っています。

どんなに「経営者目線」を持って働いたところで、しょせん雇われは雇われに過ぎません。仕事の成果で会社に莫大な利益をもたらしたとしても、貰える給料はあくまで社員としてのものですし、そもそも会社の立場で物事を考え、意思決定をするのは経営者の仕事のはずですよね。

ここでの経営者目線とは「今の会社」の経営者ではなく、**「今の自分がそのまま1つの会社であった場合に、自分は経営者としてどう考えるか」**ということです。副業が流行っている今風に言えば、「フリーランスとしての考え方」を持て。これが経営者目線の本当の意味です。

正しい経営者目線を当てはめる

パナソニック創業者の松下幸之助氏はかつて**「社員は社員稼業の社長」**という言葉で、まさに経営者目線で働くことを推奨していました。「自分は単なる会社の一社員ではなく、社員という独立した事業を営む主人公であり経営者である、自分は社員稼業の店主である」と。まさにフリーランスとして考え方ですよね。

サラリーマンの立場のまま、自分をフリーランスと見立てて考える思考こそが経営者目線です。フリーランスに決まった給料はなく、事業上の利益がすべて個人の所得として計算されます。たとえるならフリーランスの売上は今の会社からの給料であり、経費としては家賃や食事代等がかかるため、差し引いた金額がお小遣い＝利益になります。この利益の計算方法を今の会社の仕事に当てはめて考えると、自分の商流が見えてくるのです。

先ほどの私の例だと、

・上司に指示されるがままプログラミングしていた⇓利益
・開発したシステムをどこの会社に納品したのか⇓売上
・いくらで売れたのか⇓売上
・協力会社含めたプロジェクトの開発費用も全体でいくらかかったのか⇓経費

となるので、売上となった会社の業界が依頼元として商流の上流、経費となった協力会社が商流の下流、といった商流「システム開発の依頼元⇓自分⇓協力会社」を把握できます。利益は「売上－経費」で算出できますので、ただ会社からの給料を利益として考えるのではなく、その利益が本当はどこの会社から出ているのか、「ポジション移動図」を作りながら考えてみましょう。（この例だと商流の上流である、開発したシステムを納品した会社から出ている）

「売上はどこから来ているのか？」「経費はどこでかかっているのか？」「利益はどのように計算されているのか？」という、フリーランスの考え方をサラリーマンである自分に当てはめることで、あなたの商流を正確に理解することができます。

正しい経営者目線を持つ

「自分をフリーランスだと思って考える」正しい経営者目線を持つと、ことあるごとに「フリーランスとして自分の売上を伸ばすには、どうすればいいのか」と考えながら仕事に取り組めます。あらゆる仕事に共通するのは**「いただくお金に見合った価値の提供」**です。同時に「どんな働き方が価値を生み出すのか」も理解する必要があります。

今の会社で、どのような価値を取引先や販売先、上司や同僚に提供したら売上につながるのか。価値を生み出すためにどのような技術・資格への投資や商品等の経費が必要となるのか。フリーランスの視点であなたの仕事を理解してみてください。それが自分のためにも、今の会社のためにも、転職先のためにもなります。

フリーランスの視点で仕事を理解するには、まず仕事の全体像を把握することです。

あなたの仕事を業界視点、会社視点、職種視点で整理してみましょう。「今の業界の構造」から「今の会社の仕事」があり、その中で「自分の役割」は何なのか。広い視野で見ることで、今の自分が置かれている状況と給料の源泉を商流の「上流から下流まで」把握することができます。

そのうえで課題を設定して、解決策を考えて、自分で行動するといった仕事の取り組み方をするのがフリーランスです。これらの動きすべてが商流となるため、今のあなたから多種多様な業界や職種、ポジションへ「ちょいスラ転職」できるルートが見えてくるはずです。

だからこそ、今のあなたから年収アップが可能なのです。

「ちょいスラ転職」のメリット

ここまで、転職の事前準備として①転職の目的、②自己分析、③会社選びの判断軸、④応募先の選定ときて「ポジション移動図」まで作成できた人、おめでとうございます。これで年収アップするためのロードマップが入手できましたね。どこの業界や職種、ポジションに移動すれば年収アップできるかのロードマップを自作できれば、いつでも「ちょいスラ転職」できるわけです。**2、3回ロードマップに従って転職を繰り返せば年収1,000万円への到達も可能です。**

それ以外にも「ちょいスラ転職」のメリット、特に「ポジション移動図」を作成するメリットはたくさんあります。代表的なメリットを挙げてみますので、ぜひ完成させてくださいね。

多くの選択肢を把握できる

一番はこれでしょう。「転職したくても〝同業界同職種〟しか選択肢がない」との思い込みが外れます。特に技術職を代表とする専門職の人はこういった思い込みを強く持っているのですが、異業界異業種からもあなたのタグは必ず評価されますのでご安心ください。

あなたのタグを魅力的に感じてくれるのは、「同業界同職種」の視野が狭く凝り固まった会社よりも、「異業界異業種」の視野が広い柔軟な会社です。そういった会社に評価されるからこそ年収アップするのです。

私の話で恐縮ですが、新卒時から鍛えたITエンジニアとしての技術力や仕事のやり方、マネジメントを「#プログラミング的思考力」「#段取り力」「#マネジメント力」と多少なりともタグ化していたからこそ、転職を10回もできました。それもIT・通信・インターネット業界のITエンジニアという「同業界同職種」にとらわれず、様々な業界や職種へも。転職先が見つからない！　という事態はありませんのでした。

様々な転職先の選択肢という手札は、自らタグを認識することで増やせます。

もし、あなたが今の会社で息が詰まっていたり、なぜこんなに低評価なんだと嘆いていたり、頑張っている姿を見てくれないと愚痴っていたりするのなら、会社を変えるだけでなく業界や職種、ポジションも〝ちょっとだけ〟スライド転職するいい機会かもしれません。

今の会社で我慢の限界を迎える前に、「ポジション移動図」を作成して自分だけの選択肢を手に入れましょう。

今の仕事で評価される

「ちょいスラ転職」とは、何も転職先の選択肢を増やすだけではありません。今のあなたを取り巻く環境と状況を商流から確認していくことで、現在の仕事を「魚の目」で見られる効果もあります。目に見えない商流の流れを感じ取ることで、時代の流れ、世の中の流れ、商品やサービスの流れといったトレンドを把握できます。会社が提供している商品やサービスが、どんな流れで、誰の悩みを解決することで、自分の給料に反映されているのか。普段の仕事の理解が進みます。

あなたの仕事が誰の役に立っているのか、誰を助けているのか、誰に貢献しているのか。それらを認識することで仕事に対するモチベーションも高まります。

モチベーション高く仕事をすることで、次第に視座が上がっていき、仕事全体を「鳥の目」で俯瞰できるようになっていきます。難しく思えたことでも全体像が分かり、自分や会社の立ち位置等のマクロな世界を見られるようになると、ただ上司に言われた仕事をこなすだけの人間ではなくなります。自分から顧客や取引先の課題を発見して解決できる、現場にいながら仕事を作れる「シン・サラリーマン」になれるのです。

サラリーマンの現場において、上司も気づいていない課題を見つけ、解決できる人は重宝されます。上司からすれば自分から業績を上げてくれる、現場に一人欲しい人材。自分の足元をしっかり把握しつつ、物事を多角的に眺められるミクロな「虫の目」を持っている人間とも評価され、昇進も叶うでしょう。

「魚の目」、「鳥の目」、「虫の目」、という経営や組織運営に必要な能力を磨けるので、今の会社を辞める気がない人も、転職の事前準備だけはすることをおススメします。

今後のジョブ型雇用にも適応できる

第1章でお話ししたように、現在はメンバーシップ型からの移行期ですが、**いずれジョブ型雇用へ雇用形態が大転換します**。早ければ数年後、遅くても2030年には来ると予測されています。少子高齢化による労働力不足や技術革新による変化の激しい時代に対応するためにも、多種多様な価値観をもった人材が必要になっています。育児や介護をしながら働く人や、ジョブ型雇用に慣れている外国人労働者の受け入れを考えた場合、いまだ主流であるメンバーシップ型よりもジョブ型の方が今後の日本社会にマッチするのは間違いないからです。

30数年前、派遣社員という制度はありませんでした。派遣法が制定された当初は13業務のみで規制も厳しかったものですが、あれよあれよという間に緩和され、いまや雇用者のうち非正規雇用者数の割合が4割に迫っています。

一度制度が固まると雪崩のように広まり、元には決して戻らないのが日本社会です。経団連が導入を推奨し、大企業で広まりつつあるジョブ型雇用は近い将来すべての企業に広がっていくことは避けられません。ギリギリの人材で業務を回し、大半を属人化しているために人材の流動性が低い、ゆえに生産性が高い中小企業でも、正社員の数を少なくしてフリーランス等の外部人材や大企業の副業人材をジョブ型雇用で増やしていくでしょう。少子高齢化で労働力が足りないので。

このジョブ型雇用で評価されるのは一貫した「キャリア」や「専門性」です。業務内容や責任の範囲、必要なスキル等を明確に定めたうえで雇用契約を結ぶので、これらを事前に磨いておかないと今の生活が成り立たなくなります。そこで「ちょいスラ転職」というわけです。

多くの転職先という選択肢が認識できますし、キャリアの一貫性も後付けできるようになります。また、経営者目線で「どうすれば今の仕事で評価されるのか」を理解できることは、そのまま「専門性」を磨くことにつながっていきます。「ちょいスラ転職」を思考することで、将来的な雇用のルールチェンジにも適応できる「ポータブルスキル」のうち、これからの時代もっとも必要とされる「#変化への対応力」が手に入るのです。

これからの時代に対応できる力を手に入れるためにも、今の生活に満足している人も「ポジション移動図」を活用して転職を〝ちょっとだけ〟考えてみてください。

第4章

「ちょいスラ転職」の道案内

身内は最大の敵になる

ここまでで、転職への案内図となるロードマップは完成しました。あとはロードマップに従って行動（転職サイト・エージェントへの登録等）すればいいのですが、それが合っているか誰かに見せたいし、未知の世界への道案内も欲しいところです。転職のゴールまで伴走してくれる味方がいたら心強く、なんだか転職活動も楽しくなりそうですよね。

ただ、私たちが思いつく「味方になりそうな人」は、残念ながらだいたい「敵に回る」のです。

最大の理解者にありがち「嫁・旦那ブロック」

もし奥さんや旦那さん、彼氏彼女といった人生のパートナーがいるのであれば、転職活動を応援してほしいですよね。なのに、強く反対されて転職自体を断念した、諦めたといった話をよく聞きます。**いわゆる「嫁ブロック」「旦那ブロック」と言われるものです。**「俺（私）、転職したいんだ」と打ち明けた時点で反対されるならまだしも、最終面接をクリアして内定も承諾し、あとは入社日を決めるだけの段階でストップがかかり、本人はもとより転職エージェントや転職先の会社もガッカリしてしまう、といったケースも実際にあります。

本来なら転職したい本人の意思を尊重するべきですが、パートナーにとっては死活問題です。転職することで引っ越しが発生する、朝の通勤や夜の帰宅時間が変わる、年収が下がる、と生活が激変する可能性があるからです。逆に「テレワークだぞ」「家にいるぞ」「年収はたいして変わらないぞ」な転職でも、日がな1日家に籠る生活にパートナーがなってしまうのも、生活リズムが大きく変わってしまいます。特にお子さんがいる家庭では、かたや子育て、かたや仕事が**同じ空間に存在**することとなるので、部屋割りをしてもストレスが溜まります。転職に反対する気持ちも理解できますよね。

ただ、あなたの人生にとって重要な「決断」となる転職を一度決意したからには、ブロックに遭ったからとあっさり止めるのはいかがなものかと思います。実際に職場で働くのはあなた自身です。パートナーが反対したところで代わりに職場で働いてくれるわけでもなければ、テレワーク代行をしてくれるわけでもありません。このまま今の会社に居続けて精神的に病んでしまったら元も子もありませんし、万が一そうなって一番悲しむのは反対したパートナーです。

転職まで思い至った悩みと、転職してまで手に入れたいものは、本当の意味ではあなた自身にしか理解できません。パートナーとより一層幸せな生活を送るためにも、あなたが「決断」したことを大切にしてください。自分の人生の「決断」を、たとえパートナーであっても誰かに委ねるのは悪手です。自分自身が「決断」の責任を持つ。それが自分の人生を自分の手で動かすことへの第一歩なのですから。

安定大好き「親ブロック」

「親ブロック」もまた根深い問題です。転職に対する考え方は世代によって違いますが、60〜70代の団塊の世代や50〜60代のバブル世代、40歳前後の氷河期世代の両親や祖父母のほとんどは「安定」を第一に考えます。「公務員になりなさい、毎日定時退社だぞ」「伝統ある財閥系の大企業に入りなさい、モテモテだぞ」「巨大なインフラ産業に勤めなさい、倒産しないぞ」と、入社した時点で「人生勝ち組」と考えられていた就職先を勧められた人も多いと思います。残業続きで疲弊する、外資に買収されてバラバラになる、分割民営化される等、これらはすでに昭和の幻想となりましたが、幻想だと気づいてもなお、親は勧めてくるものです。

それ以外の世界を知らないから。全盛期にいい思いをしたから。就活に苦労したから。理由は異なりますが、自分の子供には「安定」した生活を送ってほしいのが親心だからです。

「安定」。これは呪いの言葉です。可愛い我が子を想うばかりに、いい高校に入れ、いい大学に入れ、いい就職先に入れと常日頃から言い聞かせるのは、令和の子育てに合っていません。いい高校や大学の定義も変わりましたし、新卒から定年まで40年以上「安定」し続けられる企業はもはや、どこにも存在しません。大きな変化がない「安定」を追い求めるように仕向けていると、自分で考え選択する、場合によっては何かを手放す「決断」ができない子供になってしまいます。

これからの時代に最も必要な「#変化への対応力」とは、いわば「決断」の連続です。「安定」の呪縛が解けない限り、変化に対応できずに消えゆく会社と運命をともにすることにもなりかねません。親や祖父母の面倒を見る余裕もなくなってしまいます。

転職は、人によっては人生で初めての「決断」となります。両親や祖父母の言うとおり、願いどおりの進学をして就職までした人は、転職という自己決定に恐怖を覚えるかもしれません。ですが、自分の意志で人生を変えたいと思うのなら、年収300万円から脱出したいのなら、あなた自身の「決断」を大事にしてください。自己決定できる力を磨いてください。それが自分の人生を自分の手に取り戻すことへの第一歩なのですから。

ブロックを乗り越えるためには

ここで一番やってはいけないのが「どうせ理解してもらえない、応援してもらえない」と、パートナーへ何の説明もなく内緒で会社を辞めてしまうことです。

私も一回やったことありますが（8社目）、「事後承諾でいい」「分かってくれるはず、だってあれだけ悩んでいる姿を見せたのだから」というのは甘えであり、察してくれません。それこそパートナーから離婚や別れ話を切り出されても何の不思議でもないですし、誰もがパートナーの味方をするでしょう。黙ってコソコソ転職活動するくらいならまだしも、急に辞められたりしたら怒りしか湧きません。私も随分怒られましたし、心配されもしました。

転職の際にはパートナーの同意書が必要、とまでは言いませんが、応援されるためにはあなたが転職することに納得してもらう必要はあります。それも転職の事前準備のうちに。応募書類を作成し始めたらパートナーにバレないようにするのは難しいですし、隠すこと自体が精神的な負担になりますから。

パートナーから転職することに対して納得をもらうには、この3点に気をつけましょう。

- 論理的であること
- 共感を得ること
- 信頼すること

なんだかプレゼンテーションの極意みたいだと思った人、正解です。プレゼンしましょう。内容は、ここまで転職の事前準備でしてきたことそのままです。

①転職の目的、②自己分析、③会社選びの判断軸、④応募先の選定について、「ポジション移動図」を見せながら話せば論理はバッチリです。あとは、あなたが転職活動することで生じるであろう、パートナーの不安な気持ちや感情に寄り添いましょう。何が不安で、どういった気持ちを感じているのか、パートナーの話に共感を示しながらしっかり聴くことです。そして、パートナーを信頼して、どうすればいい方向でお互い解決できるのか、あなたの思ったことを素直に話してください。きっと納得してもらえるはずです。私も納得してもらえた……というか「また転職か」と呆れられただけかもですね。

パートナーはこの世で一番、あなたのことを想ってくれる人です。だから最大限の説明責任がありますし、パートナーすら納得できない転職の事前準備では、採用担当者の気持ちを動かすことは無理でしょう。厳しい言い方をすれば、その程度の決断・覚悟・説得力では、希望の会社への転職はおぼつかないのです。

繰り返しますが、パートナーはこの世で一番あなたのことを想ってくれる人なのだから。

両親や祖父母には転職後の事後報告で問題ありません。心配はするでしょうが、心配すること自体が両親や祖父母の役割ですし、ある意味特権でもありますので。思う存分心配かけて役割を果たしてもらいましょう。

上司や同僚、友達は味方にならない

転職の相談は、相手を見つけるのが非常に難しいテーマです。自分と過去に接点のあった人的ネットワークを洗い出しても、転職経験のある良き相談相手を探して味方になってもらうのは至難の業です。転職経験の有無は聞かないと分かりませんし、聞きづらいですしね。

そんなときに頼ろうと思いがちなのが上司や同僚、友達です。個人的に信頼している人に相談するのは当たり前であり問題ないように思えますが、そこにワナが潜んでいます。

上司や同僚は決して味方をしない

転職に不安を覚えて、誰かに相談したくなることはあります。ただ、それが今いる会社の上司や同僚ではいけません。**現職の人に相談してしまうと「こいつは会社を辞めたがっている裏切り者だ」と思われるだけです。**ブラック企業であれば「裏切り者には死を」を地でいくツライ仕打ちを受けかねませんし、退職を妨害されることもあります。そうでなくても今の会社から退職することにいい印象を持ってくれる人はほとんどいません。

「こんな会社、さっさと辞めて転職しようかな」と、一緒に軽口を叩いていた同僚も、あなたが本気だと分かると態度を一変させます。会社に守られている人たちの意識はそんなものです。期待しないでください。

これが元上司や元同僚だったらどうでしょうか？　以前一緒に働いていた、今は別の会社にいる人たちです。転職経験があるので参考になる話を聞けるかもしれません。仕事で活躍しているあなたの姿を直接見ていた人であれば、それも同じ部署やプロジェクトで働いていた人たちであれば、あなたの強みも理解していたでしょうし、もしかしたらリファラル採用のお誘いもあるかもしれません。転職先に対してあなたのアピールポイントを伝えてくれれば、選考もスムーズに進むでしょう。

…といったことが起きるのは、よほど仕事で評価されていたビジネスパーソンだけです。そういった人たちはビジネスでもプライベートでも人脈が築かれているので、人脈の棚卸しをしてみるのも有効ですが、そうでなければあなたの存在はすっぱり忘れ去られています。「過去に一緒に働いたことがあったかもしれない人」くらいの認識です。期待しないでください。

あなたがよく覚えていて、感謝している人でも、一度会社が別々になると付き合いがなくなってしまうのは社会人あるあるです。学生時代の友達じゃないのだから、それも仕方ないことですよね。

友達は決して味方にならない

「友達になら相談してもいいのでは？　自分という人間を理解してくれているし、

自分の経験業界や職種、ポジションに関わらず可能性や選択肢を一緒に考えてくれるし、何より味方になってくれるし」との期待もやめたほうが無難です。もちろん愚痴を吐いたり話を聞いてもらうこと自体には何の問題もありませんが、意見をもらったり相談に乗ってもらったりするのは違います。

当たり前のことですが、友達が知っているのはあなたのプライベートな部分であり、仕事上での「Can（できること）」に理解はありません。「いったい自分にはどんな可能性や選択肢があると思う?」とフラットに相談したところで、的確な答えは返ってきません。転職の事前準備をプレゼンしたところで「まぁいいんじゃない?」としか言われないでしょう。

これが、もし元上司や元同僚といった関係から友達同士になった人なら、自分では考えもつかなかった業界や職種、ポジションへの転職の可能性を教えてくれるかも? あるいは直接の知り合いを経由してヘッドハンティングやリファラル採用もらえるかも? といった淡い期待も捨てましょう。

縁故ルートは確かに存在しますが、仕事で実績がない人には誰も親身になってくれません。友達だからこそ厳しい目で見られますし、耳の痛い言葉ももらいます。友達もあなたを自社や自分と付き合いのある会社へ紹介するのだから、自然と評価は辛くなります。あなたが本当に評価される人材だったら、先に声をかけられているでしょう。

いくらあなたが信用している、親友と呼んでも差し支えない関係の友達でも、あなたの人生の選択に付き合ってくれる保証はありません。生活がかかっているわけでもありませんし、パートナーでもないのであなたが転職に失敗しても責任を感じません。無責任というわけではなく、責任権限範囲から逸脱していることに責任を持てないのは社会人あるあるです。専門家じゃないのだから、それも仕方ないことですよね。

味方を作るためには

味方を作る一番確実な方法は、プロの専門家に頼ることです。生活をともにするパートナーがいれば味方に引き込むのは絶対条件で、さらに転職の専門家に味方になってもらえば解決します。

一般的な転職の専門家とは、転職エージェントです。「リクルートエージェント」

や「ｄｏｄａエージェントサービス」といった転職エージェントのサービスに登録すると、数多くある求人情報からおススメの会社を勧めてくれます。基本的に無料で、登録後に担当者（キャリアアドバイザー）との面談が設定され、そこで伝えた希望をもとに求人情報を紹介してもらえます。応募書類の作成や面接対策の支援も無料で受けられます。

転職エージェントは数多くのサポート経験があるため、相談相手にはピッタリだと思いますよね。転職サイトを使って自分で応募先を探すのもいいのですが、プロの手を借りると時間の短縮もできますし、確実性も上がります。

転職への地図となるロードマップをレビューしてもらい、応募から面接、入社まで道案内してもらえば転職活動は成功しそうです。転職先の企業から報酬を得るのが転職エージェントのビジネスモデルなので、なんとしても私たちの転職を成功させようと頑張ってくれます。面接に落ちたショックも共有してくれますし、内定が得られたら一緒に喜んでもくれます。もう味方間違いなし！　相談相手に最適！　道案内は任せた！　と思いますよね。

ところが、転職エージェントも私たちの完全なる味方ではありません。むしろ最初は味方と見せかけての、途中から敵になることもある存在なのです。そのため、私たちは転職エージェントとの距離感を知る必要があります。

転職エージェントとの距離感

転職エージェントは、空き時間に1日10分スマホをポチるだけの転職サイトと違って手軽に利用できるサービスではなく、担当者と面接や連携をしながら進めていくため手間がかかります。紹介してもらった求人から選んで転職活動を進めるので選択肢も限られます（**※表6**）。

しかし、転職エージェントは無料で求人の紹介から面接対策、企業への年収交渉や結果のフォローまですべてやってくれますので、登録するとお得なのは間違いありません。転職の道案内人として頼もしい存在なのでおススメですが、メリット・デメリットを踏まえて主導権を自分が握るようにしないと、振り回された挙句に敵に回られる可能性もあります。

表6　転職サイトと転職エージェントの違いまとめ

転職サイト	ポイント	転職エージェント
○ サイトに個人情報を登録するだけ	スタート	× サービスを申し込み、担当者（キャリアアドバイザー）と面談してから
○ 空き時間にスマホで10分ポチるだけ	手間	× 担当者と電話やメール等で連携しながら進める必要がある
△ 自分で検索して自分で決めて応募するので選択肢は多いが、載っている求人のみ	選択肢	△ 担当者から転職サイトに載ってない求人も紹介されるが、選択肢が限られる
× 特になし。書類作成や面接対策は自分の力で	フォローアップ	○ 書類の添削から面接対策のアドバイスや結果のフォローアップまで充実
× 特になし。企業への交渉事はすべて自分の力で	アフターフォロー	○ 年収や入社日の調整といった重要な交渉を担当者に任せられる

転職エージェントの選び方

転職エージェントのサービスは無料ですが、彼らもビジネスである限りフィーは発生しています。**転職エージェントは企業側からフィーを受け取っています。**一般的には紹介者が入社すると、その年収の30%前後を報酬で受け取るビジネスモデルです。商流で表すと、上流が転職エージェントへの依頼元である採用に困っている企業で、下流がサービス提供されている私たちです。商流ですから、当然お金が流れます。

大きな金額が流れるからこそ、転職エージェントは手厚いサポートを私たちにしてくれます。それはありがたく享受するとして、私たちが頭に入れておかなければならないのは、**「転職エージェントが最も貢献しなければならないお客様は採用する企業側であり、私たちではない」という点です。**私たち「人材」が、転職エージェントの商流を流れる「商品」扱いされるかもしれない、と頭の片隅に入れておいてください。

転職エージェントは大手から中小、1人エージェントまで様々です。ビジネスモデルはどこも同じなため、大手を利用するのが無難でしょう。良い転職エージェントかどうかの評価は次の2つしかないので。

・豊富な求人情報を持っている
・マッチングした実績をたくさん持っている

中には「外資系特化」「エンジニア特化」「営業特化」等、業界や職種に特化した転職エージェントもありますので、大手に登録しつつ、そういった得意技を持っている中小や個人の転職エージェントも使うといった、2社登録をおススメします。さすがに3社以上登録すると担当者との面談だけで忙しくなるので、2社の担当者を比較してみてください。

転職エージェント側にも「複数社に依頼している」と言って構いません。競合がいることで真剣になるのがビジネスですから。

「はめこみ型」転職エージェントとは

転職エージェントの担当者は2つの類型に分かれます。「はめこみ型」と「寄り添い型」です。

「はめこみ型」では、今持っている求人情報から私たちにマッチングしそうな企業をすぐに紹介してくれます。転職エージェントとしては当たり前の仕事っぽく感じると思いますが、これはできれば利用をお断りしたい転職エージェントの担当者です。

転職希望者が内定承諾後に入社までしないと売上にならないため、今持っている限りある求人情報のうち、難易度の低い、誰でも入れるような求人案件に私たちを何としても入れようとする、そんな担当者のことです。企業側、というより企業側が支払う売上ばかり見ているのが「はめこみ型」です。転職希望者にとっては今後の人生がかかっている、企業にとっては存続や成長がかかっているにもかかわらず、自分の利益しか考えられない。そんな転職エージェントの担当者もいるのが現実ですので、注意が必要です。

転職エージェントとの面談やフィードバック等のやり取りはすべて無料です。しかし、仕事としてやっているので「あなたに合っている会社ですよ！」と私たちの意向を無視して口説いてきたり、入社させやすく自分の売上になりやすい会社に押し込もうとしてきたりしますから、本当に気をつけてください。ブラック企業だろうと関係なく押し込もうとする「はめこみ型」は、中小だけでなく大手転職エージェントにもいるので困ったものです。面談を複数回行うことで、その担当者が本当にあなたのことを想って、あなたのためになる求人情報やアドバイスをしてくれているのかどうか、何としても見極めてください。

そんな「はめこみ型」の転職エージェントにも、早く転職先が決まるというメリットはあります。ＡＩ等でマッチング精度が高まっていますので、「どこでもいい、今の年収３００万円から早く脱出できれば」という人には合っているかもしれませんが、これまでの事前準備の意味がなくなりますし、大幅な年収アップも見込めないので、よく考えてくださいね。

「寄り添い型」転職エージェントとは

「寄り添い型」では、今持っている求人情報に私たちとマッチングしそうな企業がなければ、むやみに紹介してきません。「今は希望条件に見合う企業から求人がないので、しばらく待ちませんか？」と、お断りも辞さない担当者です。転職エージェントとして、本当に私たちに合っている企業が出てくるまで待つ。普通の仕事っぽく感じますが、目先の売上ばかり気にしている「はめこみ型」の担当者では決してできない、私たち転職希望者の考えを尊重してくれる転職エージェントの担当者です。

言い換えると、中長期的な視点で仕事に取り組んでいる方々です。**「今すぐ希望の会社に転職するには経験が少し足りない、今の会社でこういった実績を積んでからではいかがですか？」と、私たちに成長を促すアドバイスまでしてくれる、そんな担当者のことです。**転職希望者を慮り、本当にあなたのためを想う転職エージェントであれば、むやみに転職を勧めず、今の会社に残るメリットも踏まえた提案をしてくれるはずです。そんな転職エージェントの担当者もいるのが現実ですので、素晴らしいですよね。

転職エージェントも仕事ですから、脈がなさそうな会社だと「あなたにはちょっと難しいと思われます」と正直に言ってきます。転職エージェントはある程度の相場感を持っています。その相場観に応じて受かりにくい会社は引き止め、なるべく受かりやすい会社を勧めてくる傾向があるので困ったものですが、その会社は本当にあなたが希望している条件を満たしているのか、その担当者は本当にあなたのためを想って、説得モードに入らずにあなたが納得できる条件や企業への交渉をしてくれるのかどうか、何としても見極めてください。

そんな「寄り添い型」の転職エージェントにも、「ダメなものはダメ」と希望する会社を紹介してくれないというデメリットはあります。「あなたには無理です」「この先のキャリアを考えると危険ですのでやめましょう」と言われたら転職を後回ししてもいい、という人には合っているかもしれませんが、ここまでの決断と覚悟が意味なくなってしまいますし、年収３００万円からの早期脱出も見込めないので、よく考えてくださいね。

私たちの転職の応援者に、味方になってくれる。そんな転職エージェントと出会えるように、常に2社の転職エージェントを比較しながら、決して言いなりにはならずに有効活用してくださいね。

転職エージェントとの付き合い方

転職エージェントからの意に沿わない会社紹介や引き止めは一切スルーして問題ないですが、だからって「利用するな」という話ではありません。転職エージェントは可能な限り利用するべきです。転職の専門家ですし、その道のプロですし、紹介もマッチングもサポートも多くの経験があります。転職サイトで自力検索するよりも内定を得られる確率の高い会社を紹介してくれるので、転職活動も早く終わります。

「はめこみ型」でも「寄り添い型」でも、あなたが入りやすい会社を紹介してくれるメリットがあります。その反面、あなたが入りにくい、難易度の高い会社は紹介されないというデメリットもあります。良くも悪くも内定が取れそうな会社を提案してくるので、あなたの転職の事前準備と照らし合わせる作業が必須です。

プロだけが持つ情報を収集しよう

転職の事前準備と照らし合わせるためには、企業リサーチ等の情報収集が必要です。働きながらの転職活動だと、自力で情報収集する時間がない人も多いと思うので、転職エージェントにまとめて聞いてしまいましょう。私たちが自力で得られる求人票や企業ホームページの情報だけで応募・入社したのでは、ブラック企業を引き当てる可能性が高まるからです。

転職エージェントは情報を豊富に持っています。最新の業界トレンド、最新の企業動向、最新の採用情報等のプロの情報を得られれば、自力で情報収集する手間が省けますし、応募するかしないかの判断もしやすく、応募する企業を厳選することもできます。

私たちが1人で探せる求人情報には限りがあり、転職サイトの膨大な情報から転職の事前準備で考えた条件やタグにマッチした求人を探すのは、1日10分スマホをポチるだけでも結構な時間と労力を消費します。転職エージェントを利用すれば、自分の希望条件に合った求人案件がすぐに紹介されますので、忙しい人にはもってこいです。**特に転職エージェントに価値があるのは、転職サイトや企業の採用ページにも公開されていない非公開求人を持っていることです。**企業がその転職エージェントを信用して任せている、表には決して出ない求人情報ですから、通常私たちが得ることはできません。プロだけが持つ非公開求人を目的に、転職エージェントへ依頼するのもよいでしょう。

転職活動では、事前に十分な企業リサーチをしてから応募することが求められます。求人票や企業の採用ページをざっと見ただけで、希望条件が合っているからと応募するのは危険過ぎます。書類選考の通過率も低いですし、もし通過しても準備不足を面接で見抜かれ不採用となる可能性が非常に高いです。逆に、実際に面接官の話を聞いたら仕事内容や社風がイメージとまるで違ったと、私たちがガッカリするケースもあります。

企業リサーチの情報収集のためにも、転職エージェントは積極的に利用しましょう。

依頼したい転職エージェントの特徴集

常に2社の転職エージェントを比較しながら有効活用すればいいと言われても、比較の基準が分からない。そんな人に向けて、依頼したい転職エージェントのポイントをお伝えします。事前準備をすべてクリアした転職先を勝ち取るためにも、こういったポイントを満たす転職エージェントに依頼してはいかがでしょうか。

お願いしたい転職エージェントの特徴を10個、並べます。2社ともチェックしてみてください。

1. 希望する業界の最新トレンドを理解している（自分より詳しい人のサポートじゃないと意味がない！）
2. 希望する職種の最新トレンドを理解している（特に技術職は最新の動向を知らないとサポートにならない！）
3. マッチングを最優先にしてくれる（年収等の条件だけがいい会社を紹介されても無理！）

4. 希望条件を満たす求人を紹介してくれる（大量のどうでもいい求人票を紹介されても無駄！）
5. 粘り強く求人を探してくれる（入りやすいだけの会社はいらない！）
6. 面接時のフィードバックをいろいろな角度でくれる（良い点だけでなく懸念点、改善点も教えてくれなきゃ困る！）
7. 企業側と交渉してくれる（希望年収や役割、入社日の希望を最大限交渉してほしい！）
8. 一緒に悩み考えてくれる（情報格差につけ込んで高圧的な態度を取ってくるのはお門違い！）
9. リアクションが早い（それだけ早く転職活動が進んでいく！）
10. 社長や役員といった人事権を持っている人につないでくれる（それだけ早く内定が決まる！）

これらの特徴をなるべく満たす転職エージェントに依頼できれば最高です。転職エージェントにとって真のお客様である企業側とハードに交渉しつつ、私たちをサポートするのは相当骨が折れます。にもかかわらず、あなたの要望を通すために粘り強く仕事をしてくれる担当者であれば心強いですよね。

万が一、このポイントを全然満たさない転職エージェントの担当者に当たってしまい、こちらの希望に合っていないことを伝えても改善しない場合には、担当者を替えてもらうか転職エージェント自体変えましょう。

私たちと利益相反するのが転職エージェント

ここまで転職エージェントの活用法を説いてきましたが、もしあなたが「面談やサポートされることが煩わしい」といった、自力で転職活動を進めたい人であればおススメしません。転職サイトを使って探しましょう。「とにかく転職エージェントに頼りたい」「何もかも任せたい」といった、他力本願で転職活動を進めたい人にもおススメしません。私たちと利益相反するからです。

ハッキリ言いますが、転職エージェントも私たちの完全なる味方ではありません。

理由は、どうしても最終的に利害の不一致が生じるからです。それは、彼らのビジネスモデルに起因します。転職エージェントは紹介者が入社すると企業側から紹介料を受け取ります。ということは、入社しない限り売上にならないので、「はめこみ型」

でも「寄り添い型」でも、短期的でも中長期的でも、どうしても私たちを入社させようと「誘導」してしまうのです。

それが、最初は味方と見せかけての、途中から180度転換して敵になることを表しています。転職エージェントの担当者が、ある日を境にして急に当りが強くなる、私たちの考えを否定してくる、そして無関心になっていく。メールや電話の反応も悪くなり、フェードアウトしていく。あからさまでなくても、売上にならない「商品」だと判断されると、徐々に心の距離が遠くなっていきます。淋しいですが、彼らもビジネスなのだから仕方ないことです。ボランティアではありませんし、私たちの転職活動自体にフィーが発生するわけではないからです。

転職活動の主導権は私たちが握っておきましょう。転職エージェントは頼もしい存在であり、味方に思えますが、頼り切ってはいけないのです。転職活動に関わる目的が違うのだから。

それでは結局、転職活動に味方はいないのか？　伴走してくれる人はいないのか？

いいえ、決してそんなことはありません。転職を考えた直後から、いや、転職を考える前からでもあなたの味方になってくれる存在がいます。**それが、キャリアコンサルタントという国家資格保持者です。**

伴走支援型キャリアコンサルタントに頼ろう

厚生労働省管轄の国家資格で、対話を通じて就職や転職に代表されるキャリアの悩みを解決する専門家。そんなキャリアコンサルタントの転職支援は、転職エージェントと違って具体的な転職先を斡旋することはありません。転職先の企業から報酬を受け取ることもないので「なんとしても転職を成功させよう」という関わり方はしません。私たちの転職相談自体にフィーが発生するビジネスモデルゆえに、私たちの完全な味方となってくれるのがキャリアコンサルタントなのです。

キャリアコンサルタントは「誘導」しない

これが転職エージェントとの最大の差です。キャリアコンサルタントは転職希望者を特定の企業へ「誘導」しません。それどころか転職自体へも「誘導」しません。キャリアコンサルタントの商流に「採用したい企業」が存在しないので、お金の流れはエンドユーザーである私たちとだけだからです。

キャリアコンサルタントは「相談業務」が仕事なので、私たちが作成した転職へのロードマップに基づいて、私たちと話し合いながら望む方向へ応募から面接、入社まで進めるように伴走支援してくれる存在です。それだけでなく、転職活動における①転職の目的、②自己分析、③会社選びの判断軸、④応募先の選定といった事前準備から手伝ってくれ、入社後の仕事や職場環境に適応できるかどうか、転職を後悔することがないかまで確認・支援してくれます。転職エージェントより大分支援範囲が広いのです。

キャリアコンサルタントは相談の中で、転職前後のキャリアプランの作成に加えて、転職希望者に必要なスキル探しやノウハウ発見も全面的にサポートしてくれます。**そのうえで適性や目標に見合った業界や職種、ポジションの組み合わせを「紹介」ではなく「提案」してくれます。**「提案」なので、受け入れるのも拒絶するのも私たち次第、そこになんの負い目も感じることはありません。選択肢の意思決定権がこちらにあることを最大限尊重してくれます。転職の道案内人どころか、今後の人生の道案内人として頼もしい存在なのでおススメです。
国家資格の質の維持のため、キャリアコンサルタントは「傾聴」に代表される対人支援の技術を日々鍛えて習得しています。私たちの相談に親身に乗ってくれるだけでなく、キャリアの専門家として相談の中で話した内容から、私たちが自分では気づけなかった強みや価値観の発見に、これまでの経歴の棚卸しとその言語化まで手伝ってくれます。

自己分析での「Can（できること）」「思考のプロセス」から「タグ」化まで、企業への志望理由等をうまく説明できない人は、転職活動の事前準備の段階からキャリアコンサルタントに相談することで、これらの言語化が可能となります。これだけでも十分活用する価値があります。

キャリアコンサルタント×転職エージェントの道案内

もちろん、キャリアコンサルタントも転職活動においては万能ではありません。転職の事前準備から伴走支援してくれ、ロードマップの道案内や味方にもなってくれるのは本当に頼もしい限りですが、求人を紹介してくれるわけではないので、そこは自力で探すことになります。また「提案」が中心となるため、どの企業に応募しようか悩んだ場合、選択を頼ることはできません。

私たちが自分の頭で考え、自分で自分の道を選択できるように「決断」する力を引き出すのがキャリアコンサルタントの仕事なので、背中を押してはくれますが、自分自身をマネジメントする必要があります。

そこで有効なのが、キャリアコンサルタントと転職エージェントの併用です。

転職の流れは事前準備（3ヶ月）、応募から選考（2ヶ月）、内定から退職（1ヶ月）と、多少の増減はありますがおおよそ6ヶ月見込みでした。この事前準備の段階でキャリアコンサルタントに伴走支援を依頼し、応募から選考の段階に至ってから転職エージェントを併用することで、効率的かつ高確率で転職の目的を達成できます。

転職活動全体のトータルマネジメントをキャリアコンサルタントが担い、実際の企業へのアクションは転職エージェント2社が行う、この組み合わせが最高におススメです。（**※表7**）

キャリアコンサルタントと転職エージェントが、お互いの仕事の領域を補完し合う

表7 キャリアコンサルタントと転職エージェントの組み合わせ

ステップ1（3ヶ月）	ステップ2（2ヶ月）	ステップ3（1ヶ月）	入社後（3ヶ月）
キャリアコンサルタントの伴走支援範囲			
	転職エージェント活用（1社目）		
	転職エージェント活用（2社目）		
1. 事前準備 ①転職の目的 ②自己分析 ③会社選びの判断軸 ④応募先の選定	**2. 応募から選考** ①自己PR ②書類作成 ③面接	**3. 内定から退職** ①内定・退職	入社後の適応

ことで、転職のゴールまで伴走支援してくれる味方を得ることができるのです。

転職エージェントの担当（キャリアアドバイザー）の中には、キャリアコンサルタントの国家資格保持者も多くいるので、転職エージェントだけでもいいのでは？　と思う人もいるかもしれません。

しかし、転職エージェントとキャリアコンサルタントは似て非なるもの、ビジネスとしての立ち位置と商流が明確に異なるため、同一人物や同一社にすべて依頼することは避けたほうがいいでしょう。

転職エージェントが「誘導」しないのは、なかなか難しいものなので。

キャリアコンサルタントはどこにいる？

と、キャリアコンサルタント推しを進めてきましたが、依頼するのには最大の問題があります。**「キャリアコンサルタントがどこにいるのか分からない」という問題です。**国家資格保持者は6万人もいるというのに、いざ相談しようと思っても見当たらない。ネット検索しても資格試験の案内ばかりで、どこにいけば相談できるのかが見つからない。「資格の知名度と認知度が足りない」「企業の人事担当者が資格取得者の多くを占める」「転職に悩んでいる人向けの発信が少ない」といったことから、お目にかかるのも難しいのがキャリアコンサルタントです。6万人もいるのに。

ハローワークの窓口や大学のキャリアセンターには相談員として配置されていますが、まだ会社を退職していない、社会人の転職希望者がおいそれと気軽に相談に行ける場所ではありませんよね、歓迎してくれますけど。何より公的機関にいるキャリアコンサルタントはたくさんの利用者の相談業務に忙しいので、長時間の相談や複数回の面談はなかなか難しいとのことです。公的機関なのに人手不足、困ったものです。

そこで、転職相談に気軽に乗ってくれるキャリアコンサルタントとつながることができる、良心的な価格で安心できるサービスを3つ紹介します。転職や仕事の悩みだけに特化せずに、キャリアの専門家であるキャリアコンサルタントが伴走支援する相談サービスです。

■**マイキャリアコンサルタント**（https://my-careerconsultant.com/）

仕事もプライベート（恋愛・結婚・出産・育児・闘病・復職・介護・パートナーの転勤）も大切にしたいけれど、自分らしい両立の仕方がわからない人に対して、キャリアの専門家が理論や知識を踏まえ、信頼できるアドバイスで伴走し、安心して自分らしい人生を歩んでいけるキャリア相談サービスを提供します。

■**ミートキャリア**（https://www.meetcareer.net/）

求人紹介をしないキャリアカウンセリング実績4，000件以上、とことん個人のライフに寄り添ってきたミートキャリアだからこそ提供できる、モヤモヤを手放し、望むキャリアを手に入れる方法。ミートキャリアは、自分らしいキャリアを見つけ、自分の足で歩むための「ノウハウ」を学ぶ場所。「なりたい自分」を叶えるために、様々なサポートを行います。

■リベラルコンサルティング協議会（https://liberal-consulting-association.com/）

自らのキャリア形成を戦略的に行えるよう伴走支援する、「リベラルアーツ」を学んだ問題解決できるキャリアコンサルタントによる、寄り添うだけのカウンセリングではない、キャリアの枠に留まらない相談サービスを提供します。自らアップデートでき、豊かで潤いあるキャリアを歩めるように支援します。

相談業務でフィーを得るのがキャリアコンサルタントですから、私たちがお金を支払う必要があります。初回相談はだいたい無料なので、自分と相性が合いそうなキャリアコンサルタントを見つけて、信頼できそうなら数回利用する、くらいから始めてみてください。中には半年間で数十万円もの高額フィーを請求するような団体もありますので、「年収１００万円アップする転職ができるのなら、数十万円の自己投資は安いものだ」「理想の人生を歩める力を得られるのなら、１００万円の自己投資もお得でしょ」といった「誘導」に乗ることなく、良心的で年収３００万円でも生活苦にならない相談料でＯＫなキャリアコンサルタントを選択してみてください。

ぶっちゃけ、金額の大小関係なくサービスの質はどこも変わりません。キャリアコンサルタント個人の力量と、あなたとの相性がすべてですので。それに年収100万円アップする転職は、この本を読めばできますから。

第5章

転職の技法12選

自己PR編

転職活動は事前準備が9割なので、入念に準備をすれば転職は成功したのも同然です。さらに転職エージェントやキャリアコンサルタントに伴走支援してもらえれば完璧。もう私からお伝えすることはほとんどありません。

とはいえ、転職の事前準備だけでこの本が終わってしまっては中途半端ですので、本章では「応募から選考」「内定から退職」に至るまでに使える「転職の技法」を12個紹介します。転職活動は企業が設定している「採用したい人物像」にどれだけ自分をマッチさせられるかが勝負。自分のパーソナリティや強み、ノウハウに自信がない人でもマッチングに成功する「転職の技法」集をお伝えします。

最初に自己ＰＲ編です。応募書類の作成や面接の準備の前に、共通的に使える技法を紹介します。

技法①相手のニーズを把握する

まずはこれ、というより応募以降はこれが9割です。転職活動はあくまでマッチング勝負。**相手の採用ニーズを把握しないと自己PRも空振りします。**入りたい会社が求めていることを徹底的に調べることが大切です。

企業側があなたに何を求めているかを十分に把握してから、マッチングするようにタグから自己PRをストーリー仕立てに作り上げる。この順番が最も効率的に内定を得られます。そんな企業リサーチで気をつけておくのは、この3つです。

①プロの転職エージェントにやってもらう

いくら9割占める大事なことでも、企業リサーチに時間をかけるのはもったいないです。ここはプロである転職エージェントに依頼しましょう。私たちが自力で行うのは、求人票と企業ホームページの読み込み、口コミサイトの確認くらいです。それらに記載されている「必須の能力・スキル」と「歓迎する能力・スキル」「求める人材像」の3つを把握することで、応募書類の作成以降がやりやすくなります。

②共通点か類似点があるか見極める

企業側が求めている能力・スキルを自分が満たしているか、ほどほど満たしているかを見極めてから応募しましょう。自己分析でのタグが、企業の採用ニーズと共通点か類似点があれば応募する、まったくなければ応募しない。応募する企業は、受かったら入りたい会社だけに厳選してください。受験ではないので、滑り止めは不要です。

③求められる人材像に寄せる

求められる人材像も、タグで考えます。企業ニーズを把握しつつ、お見合いやマッチングサイトのように、「あなたと私は相性がいいんですよ、だからお付き合いしたほうがいいんですよ」「あなたが欲しいタグを持っていますよ、きっと二人は末永いお付き合いになりますよ」とアピールしましょう。

「転職活動＝お見合い」だと昭和な香りがしますので、ここは「転職活動＝マッチングアプリ」だと心がけましょう。お相手となる企業とマッチングするかしないかだけなので、マッチングしなくても気を落とさないでください。「縁がなかったんだな」

でさっさと次にいきましょう。

技法②再現性を感じさせる

求人票を出している企業は、「何らかの困りごとを解決してくれる人」を求めています。だいたい欠員補充か事業拡大のための求人ですが、中には新規事業立ち上げの場合もあります。そういった企業ニーズを満たしてあげるよう、「自分は過去に同じような経験を乗り越えているので、採用すると課題解決できます。メリット満載ですよ」とアピールしましょう。**転職は中途採用ですから、ポテンシャルよりも経験者かそれに近い即戦力となる人材を企業は探しています。**なのでメリット推しが肝です。

そういった企業ニーズに応えるよう、現職での実績が転職先でも再現できることを感じさせるコツは、この3つです。

①客観的に組み立てる

採用する側が欲しい人材とは「今の会社で出している実績を、そのまま転職後も出し続けられる人」です。求人票や企業ホームページに記載されている企業ニーズを満たすよう、「思考のプロセス」＋「得られたタグ」を、相手目線で分かりやすい客観的な情報としてアピールしましょう。主観的な情報では伝わりませんし、専門用語が一つでも入ったら理解されません。

②募集要項に紐づける

実績だけだと再現性は伝わりにくいものです。どんな課題に対して、どんなアクションを起こしたのかという行動を加えてもまだ弱いです。成果と行動プロセスを一体に、かつ企業ニーズに合致していることを説明できなければなりません。具体的には、「思考のプロセス」＋「得られたタグ」を募集要項に紐づけることです。これで未経験な業務でも再現性をアピールすることができます。

③5W3Hで説明する

募集要項に紐づけるためにも、「思考のプロセス」は5Wで、「得られたタグ」は3Hの何かで説明できるように考えてみてください。具体的には、

・いつしたのか？「When」。

・どこでやったのか？「Where」。
・誰と行ったのか？「Who」。
・何を実行したのか？「What」。
・なぜ行動したのか？「Why」。
・どのような方法で解決したのか？「How」。
・どれくらいの効果があったのか？「How many」。
・いくらの成果があったのか？「How match」。

を言えるように準備しましょう。

具体的で客観的、かつ数値による測定が可能であり、創意工夫も認められる行動がある自己ＰＲによって、採用担当者は強く再現性を感じます。あなたを採用するメリットを感じてもらうためにも、とにかくメリット推しだと覚えてください。

技法③継続性を認めさせる

入社後すぐに辞められると困る。どの企業の採用担当者も思っていることです。人を採用するには時間もお金も労力もかかっています。転職エージェントに依頼する場合は年収の30％ほどが、転職サイトに掲載するだけでも100万円以上はかかっています。ハローワークや無料を謳う転職サイトを利用しても、求人票の作成や面接までの時間と労力は時給換算すると数十万円にも及びます。**それなのに採用した人がすぐに辞めてしまうと、企業にとって大きな損失です。**採用担当者の評価もダダ下がりします。

そんな採用担当者の心配をなくすよう、「ずっと御社で働く気満々ですよ」と自己PRするコツは、この3つです。

①志望動機で継続性をアピール

面接で必ず聞かれますよね、「弊社の採用に応募した理由を教えてください」は。さすがに「年収アップしたいからです」だとストレート過ぎますし、年収しか見ていない人は、「年収アップに釣られるとすぐに転職するな」と判断されて内定を得られません。逆に志望動機が納得されれば、「長く働いてくれそうだ」と思ってもらえます。志望動機を言語化しましょう。

②志望動機の言語化の注意点

志望動機の言語化の注意点は、この3つを忘れないことです。

1. 相手企業の魅力を語ること。
2. 自分の実績の再現性が企業ニーズとマッチしていること。
3. 相手にメリットがあり、それが自分の想いと合致していること。

この3つを入れておけばだいたい大丈夫です。特に③は忘れやすいので「自分のやりたいことが、御社で叶えられ、それが御社のメリットにもなるからです」のフォーマットで考えてください。ここでもメリット推しです。

③転職回数が多ければリフレーミングを

私のように転職回数が多い人であれば、注意して考える必要があります。御社で一生働きます！　と言っても過去の経歴から信用ならない、すぐ辞める人間だと判断されがちだからです。過去の経歴は変えられませんので、転職回数の多さをリフレーミングした強みのタグ（「#環境適応力」や「#再現力」「#柔軟力」等）をフル活用した志望動機とメリット推しで、納得してもらいましょう。ひたすらメリット推しです。

継続性を認めさせることは、定着率を上げたい企業側の思惑とも合致します。これも企業ニーズを満たすことになるので、志望動機に全力を尽くしてください。定着する人材を採用側は強く求めていますから、うまくアピールできると高く評価されます。

「何はともあれメリット推し」だと覚えてください。

書類作成編

応募書類は自分という商品を企業に売り込むための、いわば営業ツールです。自分とは何者なのかの説明と、これまで積み上げてきたタグを値札にして、相手のニーズに合わせた再現性と継続性を軸に「自分を採用するメリット」を訴える、そんな営業活動のための提案書です。

ほとんどの会社が、応募書類として履歴書と職務経歴書の2種類を求めてきます。それぞれ採用側から見られるポイントに違いがあるので、そこを押さえながら作成しできます。

技法④履歴書は無難に書く

どんな経歴を歩んできたかの書類ですが、大きなマイナスポイントがなければいいです。**無難が一番。**マイナスポイントとして気をつけておくのは、この3つです。

①学歴や職歴、資格等が求人票の必須条件に合っているか

転職は新卒のポテンシャル採用ではない中途採用なので、求人票の必須条件を満たしていなければ足切りです。少しでも欠けていたら面接までいけません。桜散るです。必須条件を絶対に満たしているのか確認しましょう。

②職歴に長いブランク（6ヶ月以上）がないか

これは大事なことなので、応募書類でも説明が必須です。履歴書の本人希望欄を使用して補足しておきましょう。ブランクの理由は採用担当者が納得する正当なものであれば大丈夫です。私もブランクは最長8ヶ月ありましたが、「資格取得を最優先に家業でバイトしていた」で問題なく採用されました。短すぎる職歴（3ヶ月以内）も同じです。どちらも言い訳に終始することなく、反省点と得られたこと、今後の対策を中心に記載してください。

③顔写真は常識の範囲内か

履歴書の写真は本人確認に必要なだけですが、あまりに常識に欠ける写真だと、採用担当者がNGと判断することもあります。安いところでいいのでフォトスタジオや写真館で無難なスーツを着て撮ってください。着飾ったり、奇をてらったりせず、マイナンバーカードと同じで、合言葉は「無難」です。

履歴書のフォーマットはネットにいくらでもあるので、書きやすいフォーマットで誤字脱字だけ気をつけて書けばOKです。**企業側から指定がない限り、手書きよりPCで作成してください。**PCでの文書作成能力も見られますから。手書きは時間がかかる、漢字が思い出せない、とにかく面倒くさいと、私たちにはデメリットしかありません。企業側もデータ取り込みできないので、手書きは嫌がります。

技法⑤職務経歴書は読ませる

職務経歴書はどんな仕事を経験してきたのかを訴える書類なので、自己PR編で考えた内容をふんだんに盛り込みます。大きなプラスポイントが稼げる大事なものと心がけてください。**アピールが一番**。プラスポイントとしてぜひ取り入れたいのは、この3つです。

①職歴の要約を最初に入れておく

冒頭に、これまでの職歴を要約する文章を入れると、採用担当者が興味を持って本文を読んでくれます。ざっくり100〜200字、多くても400字程度でまとめてみてください。自己紹介っぽく、通常あり得ない事件性やイベントといったツッコミどころをあえて入れると、面接で聞いてみたいと思ってくれます。

②使い回しはしない

履歴書同様、職務経歴書のフォーマットもネットにたくさんありますが、一回作成したものをテンプレ化してはいけません。1つの職務経歴書を複数の会社に転用するのはやめましょう。企業ごとに採用ニーズが違うので、それに合わせた細かなカスタマイズが必須です。履歴書はコピペで使い回していいのですが、職務経歴書は必ず相手企業に合わせてアピールポイントを変えましょう。

③キャリアの一貫性を書く

転職の事前準備でマインドセットした、キャリアの点と点をつなぎ合わせて、1本線にしてストーリーまで昇華させるストーリーテラーになってください。一見まったく違う業界や職種の経験でも、「思考のプロセス」＋「得られたタグ」がつながっているように職務経歴書で言語化・ストーリー化できれば、それは立派な一貫性と判断されます。後付け可能なキャリアの一貫性を伝える、それが職務経歴書の役割です。

職務経歴書には、自己PRで洗い出した企業ニーズを叶える「再現性」を分かりやすく表現しつつ、「継続性」も見せていきましょう。あまり長文にならず、しかし決して出し惜しみせず最新の経歴から順番に記載し、最大でもA4用紙3枚で収まるようにすると、採用担当者も読む前からげんなりすることはありません。

技法⑥余計なことは書かない

これは履歴書と職務経歴書のどちらにも言えることです。フォーマットに基づいて作成すれば余計なことを書くスペースはほぼないのですが、それでもつい書きたくなってしまう欄が存在します。**普通が一番。**気をつけたい箇所は、この3つです。

①本人希望欄は「貴社の規定に従います」でいい（**履歴書**）

よほどの必須条件がない限り、「貴社の規定に従います」と記載しておくだけで問題ありません。年収や休日といった待遇や副業の許可等は面接時に話すか、転職エージェントに交渉してもらったほうが叶います。私は本人希望欄に「副業するので毎日定時退社を希望します」と素直に書いたところ、それがネックになって何社も書類選考の段階で落ちました（10社目）。

②実務経験以外は書かないこと（**職務経歴書**）

趣味や特技、アルバイト経験にボランティア活動等、これまでの実務経験に関係しないことは記載不要です。採用担当者が知りたいのは第一に「再現性」です。実務経験以外が充実していて、それが企業ニーズに合っていたとしても「再現性」にはつながりません。仕事における実務経験からの「思考のプロセス」＋「得られたタグ」に関連することのみ書きましょう。

③退職・転職理由は書かない（履歴書・職務経歴書）

履歴書や職務経歴書の限られた枠内では退職・転職理由を正しく伝えきれません。退職・転職理由を「年収が低かったから」「勤務時間が長すぎたから」「ブラック企業だったから」等、端的かつ本音を書いてしまうと、待遇面にうるさい人と判断されて書類選考で落とされます。退職・転職理由は面接で必ず質問されるので、そのときに背景を含めて具体的に話しましょう。履歴書には「一身上の都合により退職」だけで大丈夫です。

履歴書も職務経歴書も、読みやすく簡潔にまとまっていることが大切です。採用担当者は、あなたが経験してきた業界や職種について熟知しているわけではありません。一般的に中途採用の書類通過率は3割前後。少しでも通過率を上げるべく、自分と同じ仕事をしていない人でも理解できる言葉に置き換えたり、誰が読んでも意味が分かるようにしたりすると、採用担当者も喜んでくれること間違いなしです。

面接編

面接にはお決まりの流れがあります。というより聞かれることがほぼ決まっています。**①自己紹介、②経歴、③志望理由、④転職理由、⑤逆質問。**順番もこれです。面接は、自分という商品を企業に売り込むための営業活動です。応募書類は営業ツールでしたが、今度は「手元にない」営業ツールを駆使しながら企業ニーズに合わせた再現性と継続性を軸に「自分という商品を購入するメリット」を訴える、そんな営業活動を行います。本当にしつこくてすみませんが（笑）、メリット推しです。

営業活動なので、単なる自己ＰＲや自分の実績を大きく誇るのに終始してはいけません。どんなに性能が優れていても、相手のニーズに合わない商品は決して売れません。喉が渇いて冷たい飲み物が欲しいときに、ホットコーヒーを出されたらどんなに美味しいコーヒーでも飲みません。面接も同じで、「企業側が求めている、期待している内容から外れずに答える」ものです。

技法⑦しゃべり過ぎない

面接官の期待を最も裏切る行為がコレです。自己紹介でも経歴でも、面接官からの質問に答える場面でも、**雄弁に演説するのはNGです。**特にある程度年齢を重ねている人は経験豊富なだけに、ついたくさん話したくなりますが、聞く側は面接時間が限られているので嫌がります。面接官のペースを乱さないよう気をつけておくのは、この3つです。

①1分で話せ

どこかの本のタイトルっぽいですが、志望理由や転職理由、質問への回答もすべて1分程度で簡潔に話しましょう。3分以上ペラペラしゃべっていると、「話をシンプルにまとめられない人」とのマイナス評価を食らう可能性があります。KISSの法則（Keep It Simple Stupid＝簡単にしろ、バカ野郎）と覚えておいてください。チュッ💋

②ポジティブに話せ

特に転職理由を深堀りされる「どうして今の会社を辞めようと考えたのですか？」の答えをネガティブに話してはいけません。この質問は入社後すぐに辞めないかを見極める、継続性を確かめる質問でもあります。転職理由はあくまでポジティブな理由から。今の会社の不満や悪口を熱弁するのは、話し手は気持ちいいですが、聞き手は愚痴としか捉えません。ブラック企業からの脱出であっても、ネタ化した前向きな表現で「今の会社もいい、でもあなたの会社のほうが私に合っている」と簡潔に伝えましょう。

③自分の言葉で話せ

教科書的な受け答えでは面接官にまったく響きません。特に志望理由での「キャリアアップの実現」や「お客様へ貢献したい」「よりスケールの大きいプロジェクトに携わりたい」等の抽象的過ぎる表現や、普段使わない言葉の使用も控えましょう。敬語は多少間違えても問題ありません。それよりも、自分の言葉で自分のストーリーを簡潔に、かつ熱く語れるほうが好まれます。

面接本番で、ぶっつけでシンプルに自分の言葉で熱意を伝えるのは難易度が高いです。場慣れする間もなく終わるのが転職活動の面接なので、想定問答集をあらかじめ転職エージェントやキャリアコンサルタントと考えておく等、入念な準備と練習を心がけてください。

技法⑧質問と逆質問に備える

当たり前のことですが、質問に答えないと面接の意味がありません。面接官は質問することで私たちのことを深く知ろうとします。時には答えにくい、意地悪と感じる質問もあります。それでも何かしら答えないと「人の話を聞いていない」「プレゼン力が低い」「コミュニケーションに難あり」と断じられかねません。

逆に、私たちが最後に与えられる逆質問タイムでも、「特にありません」で終わらせては「積極性に欠ける」「意欲が低い」「やはりコミュニケーションに難あり」と評価されかねません。意地悪な質問に答えつつ、私たちからも逆質問する際の注意点は、この3つです。

①答えにくい質問

転職理由を深堀りされた場合と同様、答えにくい質問がいくつかあります。代表的なものには「うちの会社が第一志望ですよね？」「転職回数が多い理由はなんですか？」があります。前者は正直に何社受けているのか話していいですが、どの会社を受けているかの具体名は出さないことと、「御社が第一志望です！」と言い切ってください。後者も離職期間中のブランクと同様、反省点と得られたこと、今後の対策を正直かつポジティブに話せばちゃんと伝わります。だからこんな私でも10回転職できました。

②マイナス評価を食らう悪い逆質問

これだけは避けてほしいのが、「調べれば分かることを聞く」です。給料や福利厚生等の待遇面や仕事の条件面、平均残業時間等、求人票や企業ホームページに記載されていることを逆質問すると「あなたは弊社を理解する気がない」とマイナス評価されます。面接官が即答できないことや会社の機密情報に当たることも同様です。一次面接で年収や休み等の待遇面を聞くのも控えましょう。面接官はそこまで権限を持っていません。二次面接以降で忘れずに逆質問しましょう。

③プラス評価を貰える良い逆質問

良い逆質問とは、自分自身の意欲や強み、会社で働く意欲や熱意をアピールするものです。これだけ質問しておけばまず外さないのが、**「御社で仕事を始める前に、特に準備しておいたほうがよいことを教えてください」**という、入社前提の逆質問です。どのような知識やスキルが必要かと聞かずに、「準備」という単語を使ってください。**必要とされる知識やスキルは求人票に記載されていますが、準備は記載されていませんから。**

質問するのもされるのも、相手をよく知るためです。コミュニケーションとは会話のキャッチボール、恐れず質問に堂々と答え、また自分からも質問をしましょう。最後の逆質問は特に自己ＰＲへつなげられますので、何もしないのは本当にもったいないです。

技法⑨オンライン面接の約束事を守る

昨今はコロナ禍の影響でオンライン面接が増えました。**PCやスマホを使って行うオンライン面接は、基本的に対面と変わりません。**話す内容や質問は同じですし、服装やメイク、話し方も笑顔で明るくハキハキと、で共通しています。特別な対策はありません。

ただ、機材的な対策は必要です。PCがあればスマホを使用しないほうが無難ですが、「どうしてもスマホやタブレット端末を使う場合は面接中にカメラが動かないようスタンド等を使って固定する」といった環境的な注意点は、この3つです。

①有線LANを推奨

Wi-Fiの回線状態が悪いと、オンライン面接の途中で通信が切れてしまうことがあります。これでは準備不足という理由で減点されかねません。回線速度を事前に確認しておくのと、できれば有線LANでつなげましょう。万が一トラブルで回線が切断された場合は、慌てず騒がず素早く復旧することで、むしろPCに強いところをアピールしてください。

②明るさを確保するべし

部屋は可能な限り明るくしてください。せっかく明るい笑顔を作っていても、部屋の照明が暗いと面接官からは表情も暗く見えてしまいます。昼間でも蛍光灯をつける、端末の後ろにライトを設置して顔を照らす等の対策で、表情が明るく見えるように工夫しましょう。背景も同様です。バーチャルでもぼかしでもいいので、画面が暗くならないように設定すると、面接官からは人物像まで明るく見えてきます、本当に。

③目を見て話すな

オンライン面接では面接官の目を見て話してはいけません。カメラのレンズを見て話すようにしましょう。オンライン面接でありがちな失敗に、画面に映る相手を見ながら話すというものがあります。基本的にPCのカメラは画面の上部についているため、画面を見ながら話すと、相手の画面に映る自分の視線は下を向いてしまいます。視線が下向きだと俯きと同様に表情が暗く見えるので、話すときはカメラのレンズを見つめるのが鉄則です。

企業までわざわざ出向かなくても、自宅にいながらできるのがオンライン面接のいいところです。遠方の企業との面談では、交通費や移動時間がかからないので楽ですが、約束事を守らないと人柄やスキル、能力とまったく関係ないところで思わぬ減点を食らいます。最低限、WEB環境を整えてから面接に臨みましょう。

内定・退職編

内定が決まったら一安心、すぐに退職してもいいやと考えがちです。しかし、内定したからといってそのまま入社となるわけではありません。内定は雇用契約ではないので、こちらから断ることもできます。特に複数企業から内定をもらっている場合や、まだ選考が進んでいる企業がある場合は、内定承諾と退職に慎重な判断が求められます。**内定を承諾するまでは絶対に退職しないでください**。

複数回面接をしても、特に待遇面の条件が詰め切れていない可能性があります。転職による年収アップにコミットできるよう、交渉ごとは必ず転職エージェントを介して行いましょう。ここでは、内定承諾前に必ずしておくことと、退職時に心掛けておくことをお伝えします。

技法⑩労働条件通知書は必ずもらう（内定時）

内定通知書はメールや郵送でもらったけど、そこには「採用決定」としか書かれていない。これでは後日、雇用契約書に捺印するとき、「書いてある待遇が違う、話が違う！」となることがあります。**内定通知書をもらったら、たとえ口頭で待遇面の合意をしていたとしても、労働条件通知書も必ず一緒にもらってください。**労働条件通知書の内容で気をつけておくのは、この3つです。

①給料は面接時に確認したとおりか

求人票の給料欄には、想定年収が400万円~500万円というように幅が設けられていることがほとんどです。面接時に確認したとおりの年収になっているか、基本給の月給・賞与・手当等、労働条件通知書で確認しましょう。特に賞与は年俸制を除くと基本給の数ヶ月分とあることが多いですが、基本給がいくらか分からないと計算できません。固定残業代制であれば対象残業時間と金額が明確なのかも要確認です。通勤の交通費も別途支給か念のため確認してください。交通費を年収に入れられて提示された例もあります。不明点がある場合はそのままにしないで、必ず問い合わせして認識を合わせてください。

②休みは面接時に確認したとおりか

最近は完全週休2日制（毎週必ず2日休み）の企業が増えていますが、業界や職種によっては「完全」がつかない週休2日制（1ヶ月の間に2日休みの週が少なくとも1度あり、それ以外の週は1日以上休みがある。不動産業界等の土日営業の業界に多い）の場合もあります。本当に完全週休2日制なのか、土日休みなのか、年間休日は何日あるのか、労働条件通知書で確認しましょう。分かりにくい点がある場合は放置しないで、必ず問い合わせて確定させてください。

③入社日は面接時に確認したとおりか

大半の企業が欠員補充か事業拡大のための採用なので、できるだけ早く入社してほしいと求めてきます。すでに退職してしまっている場合はいつでもいいでしょうが、まだ在籍している場合は自由が利きません。退職日の交渉が今の会社と必要なので、労働条件通知書で確認しましょう。無茶な日程を提示された場合は決して無理しないで、必ず問い合わせして調整してください。

労働条件通知書に承諾すると、そこに記載された内容で企業は雇用契約書を作成しますから、変更が利かなくなります。入社前、あるいは入社当日に雇用契約書へ捺印するときに、「聞いていた話と違う、でも決まったことだから…」としぶしぶ承諾することがないよう、二次面接以降と内定の段階で、労働条件は細かいところまで必ず確認・合意してください。

あなたが年収アップや待遇面の改善を自らの意志で勝ち取れる、年収300万円からの脱出が確約されるタイミングは、年収が明記された雇用契約書にサインできるこしかないのですから。

技法⑪上司や社長へ報告する（退職）

内定を承諾した後、退職の仕方に悩む人は多いと思います。退職の意思を表明するのは、退職希望日の1ヶ月〜3ヶ月前が一般的です。この期間は会社の就業規則に記載されていますので、そのとおりにしましょう。退職を伝える前に就業規則を必ず確認したうえで、上司や社長へ退職の意思を伝えるときに心がけておくのは、この3つです。

①会社はあなたがいなくなっても問題ない

大前提ですが、会社はあなたがいなくなっても問題なく回ります。「自分が抜けたら迷惑がかかるのではないか」というのは余計な心配です。これは平社員でも管理職でも同じです。自分がやっていた仕事は会社の誰かが必ず代わりを務めます。あなたにしかできない仕事、というのはありません。過度に責任を感じることなく退職する旨を伝えましょう。

②1度退職を口にしたら戻らない

1度退職したい旨を口にしたり、メールしたり、チャットしたり、文書で手渡ししたりしたら、必ず退職してください。「気が変わった」「冗談だった」「やっぱりやめた」はしないように。上司や社長は、部下や社員から退職したいと伝えられると、「近いうちに必ず辞める人間だ」と判断します。「重要な仕事は任せられない、むしろ仕事を取り上げなくては」と追い込んできます。そうなってしまったら、在籍し続けるのは苦しくなるだけなので。

③引き止めは無視をする

上司や人事に退職の意思を伝えると、だいたい引き止めに遭います。特にブラック企業では「待遇をもっと良くするから、考え直してほしい」と懇願されます。今は空前の人手不足ですし、辞められると上司や人事の評価が下がりますし。たとえ好条件を提示されたとしても、**1度退職を口にしたら辞めましょう。**これは退職希望日の延長願いも同じで、たとえ社長から延長をお願いされても断りましょう。

説教好きな上司や社長は、「お前は他所の会社では通用しない、後悔するぞ」との呪いの言葉を吐いてくることがあります。私もたくさん言われてきました。これはまったく気にしなくていいです。他所の会社のことを知らない、転職したこともない人間の戯言は無視でOKです。

技法⑫揉めずに辞める（退職）

揉めてもいいからさっさと辞めたい人に朗報です。法的には「退職2週間前」に退職の意思を伝えればいいので（年俸制等、例外あり。法律を必ず調べよう）、ブラック企業から脱出する際は2週間後に辞める旨を、退職代行サービスを使って今すぐ伝えましょう（その後は有給消化なり無断欠勤なりでいい）。ただ、揉めての退職だとその後の人間関係は崩壊します。揉めずに円満退職できるように気をつけるのは、この3つです。

①引き継ぎの期間を長めに設ける

円満退職するならコレです。部署内の人員調整や仕事の引き継ぎ、机等の貸与物の整理を考えると最低1ヶ月は欲しいです。やり残したことがあまりにも多いのにさっさと退職されると、残された社員が迷惑ですし、恨まれもします。可能な限り退職の意思を早めに伝えて、別れを惜しむように人間関係を深めつつ、計画的に引き継ぎを進めましょう。

②有給消化は諦めが肝心

転職先の入社日が調整できず、ギリギリまで引き継ぎ期間を取らないといけない場合、溜まった有給消化は諦めましょう。働き方改革で有給消化はそこまで溜まっていないかもしれませんが、有給消化を優先するあまり、引き継ぎが不十分になるのは揉める元ですし、それで転職先の入社日を伸ばそうとしては本末転倒です。残念ですが諦めましょう。

③立つ鳥跡を濁すのもいい

私は10回転職しているので同じ回数の退職経験がありますが、半分以上は円満退職していません（ごめんなさい）。引き継ぎをろくにしない、ある日急にいなくなる、退職を伝えたその日に消える、という悪魔の所業の数々を行いました。そのため、サラリーマン時代に仲が良かった同僚や上司の方と、今ではほとんど付き合いがありません。しかし、正直に言うと困ったことは1度もありません。友達ではないのだから、会社を辞めたら付き合いがなくなるのは当たり前ですよね。

ただし。**「ちょいスラ転職」で商流上今の会社と取引関係にある会社への転職をする場合は、円満退職が絶対条件です。**前の会社と部門が異なっても付き合いがあるのだし、もしかしたら将来的に協働する可能性もあるからです。一方、業界や職種的に絡むことが一切ないのであれば、立つ鳥跡を濁すデメリットはありません。気持ち良く上司や同僚から応援される退職をしたいのか、冷たい目で見送られていいのか、それだけの違いです。

どちらのやり方でも、退職時の解放感は凄まじいものがありますので、ぜひ体験してみてください。10回は体験し過ぎですが、クセになります。

12の技法と言いつつ、36個ものポイントを挙げてしまいましたが、あなたの転職活動の一助となると大変嬉しいです。

第6章

転職のゴールとその後

転職のゴール

転職活動は入社がゴールではありません。入社して活躍するまでが転職活動です。

年収アップの転職を実現できたとしても、入社後に活躍できなければ評価されることなく、翌年の年収がダウンしてしまいます。せっかく頑張ってきた転職活動自体が無駄になる、これはもったいないです。

入社後すぐに活躍するには、仕事へ適応することが大切です。業務内容への適応以外にも、職場や人間関係といった会社を取り巻く環境への適応が求められます。キャリアコンサルタントの力を借りるのも1つの手です。入社後の適応からその後の人生設計に関することまで伴走支援してくれますから。

3ヶ月間で能力を発揮する

多くの会社では、入社後3ヶ月程度の試用期間を設けています。それをクリアするためにも、3ヶ月という期間で結果を出すように心がけてください。それだけの期間があれば人間関係も見極められますし、社内環境にも慣れます。**最初の3ヶ月が勝負です。**そこでまったく結果が残せないと中途入社した立場がなくなります。3ヶ月という期間で計画的に適応しましょう。

入社後の1ヶ月間は人間関係構築に費やします。どれだけ過去に成功体験があっても、新しく入社した会社のルールや仕事の進め方は分かりません。謙虚な気持ちで周りの同僚や上司の助けを借りるべきです。

アドバイスは素直に受け入れて、分からないときは素直に「分からない」と伝えて、教えてもらう。最初の1ヶ月は分からないことだらけなので、どんな的外れな質問もだいたい許されます。この貴重な時間で人間関係をある程度築いてください。

社内で力を持っている人を見つけて教えを乞うことが、人間関係の構築には非常に重要です。これは「権限を持っている人」というわけではなく、お局様や会社に長く在籍しているベテランこそキーマンである確率が高いです。社員の輪の中心にいる、誰からも好かれる潤滑油的な人を把握するためにも、社内の人間の動きを鳥の目で観察してみてください。

人間関係を構築できたら、仕事の状況理解と成果を出すことに期間を費やします。結果を出さなくても許される期間は、新卒入社ではないのでそう長くありません。3ヶ月間のうちに小さくてもいいので周りから認められる具体的な成果を出してください。

早めに期待に応える成果を出せれば、周りの見る目も変わってきますし、持てる力をのびのびと発揮できるようにもなるはずです。

逆に3ヶ月も経たずにスタートダッシュとばかりに大きな成果を挙げてしまうと、「あいつは凄い」と認識されてしまい、その後に超えるべきハードルが高くなり過ぎます。「あいつは初めだけだった」と言われないように、徐々に適応しつつ小さな成果から積み上げていきましょう。

転職の年齢制限はなくなった

新しい職場環境に適応するためにも、年齢はできるだけ若い方がいい。これが採用側の本音です。ある程度仕事のやり方を身につけてきただけでなく、これからまったく新しい仕事を覚える時間的・体力的・精神的な余裕もある20代半ばから30代前半までが、最も高く評価される年齢層です。特に、社会人基礎力を高めてきた20代後半が一番転職しやすい時期になります。

それ以上年齢を重ねると転職のハードルは極めて高くなると、一般的にはまだ言われています。言われていますが、それは誤りです。**それぞれの年代で求められている能力を「Can（できること）」として把握できていれば、問題なく転職は可能です。**転職に年齢制限はありません。各年代別に次の仕事に注力できているか、知識と経験を「タグ」として蓄えられているのか、ぜひ確認してみてください。

- 20代後半までは社会人基礎力を身につける時期として、仕事を覚えることに注力すること。
- 30代半ばまでは組織内で専門領域を鍛える時期として、仕事の成果を自分で出すことに注力すること。
- 40代までは組織内のマネジメントに長ける時期として、仕事の成果をチームで出すことに注力すること。

・50代以降は、培った能力で外へと貢献する時期として、仕事の成果を他社にも提供することに注力すること。

これらをタグ化して持っていれば、何歳からでも転職できます。もし今の会社でこれらの仕事に注力できない立場に置かれているのなら、年収300万円からいつまでも脱出できないおそれがあります。早めの転職をおススメします。

まず転職にチャレンジして、足りない部分を新しい会社で補っていきましょう。

定年までのゴールが消えた

転職して新しい職場に適応できた。年収もアップしたし、ホワイト企業だし、あとは定年までぬくぬくすればいい。もう転職は必要ない。終わったことだ——そうはいきません。

今の時代、数十年も「安定」し続けられる会社は存在しません。雇用の安定や会社のネームバリュー、充実した福利厚生といったメリットばかり追い求めていた、「とにかく大企業へ入社すれば人生安泰」という昭和のムードは完全に過去のものとなりました。

現代では、たとえ上場企業でも時代の急激な流れに対応できなければ倒産するリスクにさらされています。外資に買収されて仕事や待遇が一気に変わったり、大規模リストラに直面したり、部署ごとにばら売りされて社員が散り散りになったりした大企業も数多くあります。そこまで極端でなくても、会社の事情での部署異動や年収カット、福利厚生の縮小といった、自分ではどうしようもできない変化は常に起こりえます。

しかも、今は「人生100年時代」。企業の寿命より個人の労働寿命のほうが長くなりますから、たとえ30代で転職したとしても、早ければ数年後には再度の転職を迫られます。まだ転職経験が0回の人も大企業を中心に多いですが、ジョブ型雇用の浸透もあることから極めて近い将来、1回以上は誰もが必ず転職する「大転職時代」が到来します。

定年という概念がなくなり、会社にしがみつく意味もなくなり、今後は「生涯現役」という言葉が当たり前となります。

だからといって、悲観することはありません。また、過度に恐れる必要もありません。転職すればいいだけです。**「安定」を会社に求めるのではなく、「いざとなれば転職すればいい」という自分自身の「#雇用されうる力（エンプロイアビリティ）」と、「#変化への対応力」に求めればいいのです。**

中学校や高校、大学は3～4年で卒業していたのに、なぜか就職すると数十年同じ会社に在籍することを前提に考えてしまう。結婚と同じように、会社とは一生添い遂げなければならない。この人生観を、複数回の転職が当たり前となる時代へとアップデートしましょう。いまや3人に1人が離婚する時代ですしね。

転職のその後

複数回の転職が当たり前の世界になっても、何度も転職するのはイヤだ。そう思っている人も多いでしょう。そのとおりですよね、ホント結婚と同じです。「いざとなれば転職すればいい」。そう頭で分かっていても、何回も実行するには気力も体力も使います。

1回の「ちょいスラ転職」で年収アップや待遇の改善を達成して生活の余白が生ま

れた後に、これまで得られなかったモノを違う手段で獲得すればいいのです。副業や投資を利用して手に入れましょう。

生活に余白が生まれたら

第1章でも触れたように、副業には時間と労力が、投資には時間とコストがかかります。時間と労力とコスト、この3つは転職することで年収アップとワークライフバランスを手に入れれば解決するため、転職後は副業も投資も自由に行うことが可能となります。特に投資については転職後すぐに積み立てを開始することをおススメします。

年平均利回りで得たプラスを、さらに投資することで利益が利益を生んでいく複利の力を十分に発揮するためには、数十年という期間が必要です。時間を味方にして資産を増やすためにも、転職で年収アップして元手を確保しましょう。

一方の副業については、「やりたい人はやればいい」というのが私のスタンスです。「自分をフリーランスとして考える」正しい経営者目線で考えると、売上となる収入は会社からの給料以外にもあったほうが生活のリスクは間違いなく軽減されます。ただ、これは投資でも達成できます。お金を得るだけなら副業に時間と労力をかける必要はありません。

本業では得られない技術やノウハウといったタグを取得したいのであれば、そういった業界や職種、ポジションに転職すればいいだけです。わざわざ副業をしてまで得ようとするのは、時間と労力を失うだけでなく、本業がおろそかとなり本来貰える年収まで失う原因にもなりかねません。

転職後の業界や職種、ポジションでは得られない「やりがい」が欲しい。「やりたいこと」をやるために、本業ではできない仕事を副業としてやりたい。これなら私に止める権利はありません。好きなことで「やりたいこと」であれば、どんなに時間と労力を費やしてもやりがいを感じるので、後悔することはないからです。

ただ、この「やりがい」や「やりたいこと」に、私は疑念を抱いています。サラリーマン時代の私のように、ほとんどの人は「やりたいこと」がなくても特に困らないからです。

「Will（やりたいこと）」をやる必要はない

もし、月収15万円で「やりがい」もあり「やりたいこと」ができる仕事と、月収50万円で「やりがい」は特になく「やりたいこと」でもない仕事をするのであれば、どちらを選択するでしょうか？　大多数の人は後者だと思います。

さらにストレスもかからない、無理なく自分ができる仕事であれば、ほとんどの人が後者を選択するでしょう。それでいいのです。**「Can（できること）」に特化するからこそ、私たちに価値が生まれるのです。**

年功序列型の、待遇のいい大企業に入るのを是としたのが昭和の価値観。その反動で、好きを仕事に、「やりたいこと」を仕事にするのを是としたのが平成の価値観です。この価値観に疑いを持ってください。夢を叶え、自分らしく生きることができる働き方があるのだと信じて派遣社員となった人たちは、令和の時代になっても年収300万円のまま苦しんでいます。生活が担保されない限り、大多数の人は好きなことを追いかけても生きるのがツラくなるだけなのです。

本当に好きなことで、「やりたいこと」を仕事にできて満足している人は、多くありません。そもそも自分が心の底から本当に「やりたいこと」を自己理解できている人はほとんどいませんし、それを仕事に結びつけられている人はごく少数です。

無理して好きなことや「やりたいこと」を探す必要はありません。誰もがストレスを感じる仕事を苦もなくできる。誰もできないと思われた仕事をサラリとやってのける。**そんなストレス0で居心地の良い仕事を積み上げていくと、「Can（できること）」が徐々に「Will（やりたいこと）」に近づいていきます。それがキャリアの積み方です。**

自分が自然体で楽にできる仕事は、もっと楽にできないかと創意工夫を始めて、何だか楽しくなってきます。その楽しさを言語化・タグ化して活かせる仕事を選択していけば、必ず年収アップしますし、仕事に「やりがい」を覚えることもできます。自己理解ツールである天職の輪は、最初に「Will（やりたいこと）」を考えるのではなく、「Must（求められること）」を把握することでもなく、「Can（できること）」から考えるのが転職においては正しい順番ですから。

仕事はツラくて耐えるもの。我慢して働くのが当たり前という昨日の常識は、今日

では非常識になっています。それでは一向に社員の生産性が上がらないので、会社のためにならないからです。今の時代、会社と個人の関係性はほぼ対等になっています。社員のエンゲージメントを高めなければ会社が淘汰される時代において、私たちは自分の「Can（できること）」にこそ目を向けるべきなのです。

転職は善であり正義

会社は終身雇用や退職金、充実した企業年金といった好待遇をエサに、上から目線で社員を縛ることが難しい時代に突入しました。「いざとなれば転職すればいい」。私たちは転職という選択肢を手に入れたことによって、会社の命令や辞令を断れる権利を得ました。その結果、会社も努力して社員により魅力的であろうとしています。私たちに我慢を強いない働き方を認める会社こそが「善い」会社であり、人的資本を活かせる将来性の高い「安定した」会社である。そんな新しい常識が作られつつあります。

誰もが一度は転職する世の中では、変化に適応するために会社は変わり、社会も変わっていきます。それが人材の流動性ですし、国が目指している形でもあります。だからこそ、転職は会社や社会にとって善であり正義なのです。

もちろん、私たちにとっても転職は善であり正義です。会社からの無理難題を断れますし、会社の方向性と自分の「Can（できること）」がズレてきたと感じたら、違う会社で活躍すればいい。求められる環境で輝けばいい。会社に縛られるキャリアではなく、会社を自分自身のキャリアに活かす考え方にアップデートする。「いざとなれば転職すればいい」覚悟があればこそ、仕事を楽しめ、会社に貢献でき、年収もアップできる。会社にしがみつくのではなく、会社にぶら下がるのでもない。失敗を過度に恐れることなく、自分の人生を自分の「Can（できること）」で切り拓いていきましょう。

そうやって、人生の選択肢を増やしてみてください。この先のジョブ型雇用時代を生き抜くためにも、国や会社に頼らず自分自身を守るためにも、いつでも年収を上げられるように私たちが身につけておくべきもの。それは間違いなく「転職の技法」だと確信しています。

転職する、しないは個人の自由です。「いざとなれば転職すればいい」と、転職をポジティブに捉え、決して会社に依存せず、自分で選択した悔いのないキャリアを歩んでもらえたら、人生の伴走支援者たるキャリアコンサルタントとして、転職10回した人間として、これ以上の喜びはありません。

あなたの転職の成功と年収300万円からの脱出、そして自分自身でこの先のキャリアを切り拓いていく道のりを、心から応援しています。

おわりに　「いざとなれば転職すればいい」との覚悟を持つ

私は2社目を1ヶ月で退職しています。新卒入社のブラック企業から脱出することだけを優先した結果、飛び過ぎた「軸ずらし転職」で新しい環境に適応できなかったからです。

「辞めたい？　早すぎる。まだ何の結果も出さずに逃げるというのか」
「お前は他所の会社では通用しない、後悔するぞ」
「お前なんかこの先成功するはずがない」

3時間社長室に監禁されて浴び続けた、呪いの言葉の一部です。今はもう、こうやってあなたのことをネタにして本まで書いていますよ、とご報告差し上げたい所存ですが、それはそれとして。

その後。工場へ退職の挨拶に出向いたら、工員の方々から拍手喝さいで迎えられました。「よくあの社長に退職の意志を伝えられた」「すごい覚悟」「私なら言い出せない」と。そこまで従業員から恐れられていたパワハラ社長の悪口で、その日は定時過ぎまで盛り上がったことを今でも覚えています。

数年後、その会社は本社機能のみ残して、工場を中国へ移転しました。30名ほどの従業員の大半が工場勤務だったのに、あの人たちはどうなってしまったのか。今の私では知る由もありません。

転職という選択肢を持っていなければ、会社の都合だけで私たちの人生は振り回されます。逆に「いざとなれば転職すればいい」との覚悟を持ってさえいれば、パワハラ社長に精神を病むこともなく、被害者にもならずに済んだのです。

そんな会社の犠牲者にならないためにも「転職の技法」を身につけてほしい。年収300万円の世界から脱出してほしい。あなたの本当の実力を存分に発揮でき、評価される業界や職種、ポジションへ移動してほしい。それが転職を10回経験した私の、心からの願いです。

最後に、本書の執筆にあたりご協力いただいた一般社団法人リベラルコンサルティング協議会の皆さんに心より感謝を申し上げます。

この本で少しでも多くの人が、「転職の技法」とキャリアコンサルタントに興味を持ってくれることを、これからの皆さんとキャリアコンサルタントの可能性とともに信じています。

2023年4月
森田　昇

【著者紹介】

森田　昇（もりた・のぼる）

10回転職したキャリアコンサルタント・中小企業診断士。一般社団法人リベラルコンサルティング協議会代表理事、株式会社あさみコンサルティングファーム代表取締役、株式会社ProsWork取締役、株式会社S取締役。

何の資格も技術もないまま就職氷河期の1998年に大学を卒業、社会人となる。新卒入社した年収300万円のブラックIT企業四天王の一角(当時。その後倒産)を３年で辞めた後、２社目は１ヶ月で、３社目は２ヶ月で退職。サラリーマン生活20年間で10回の転職を経験し、年収の乱高下を味わうも「ちょいスラ転職」で年収300万円からの脱出を果たす。この転職法を紹介した再就職支援セミナーをハローワークで100回以上開催、2,000人の転職と再就職の支援をする。Twitterフォロワー数合計13,000人。著書に『売れる！スモールビジネスの成功戦略』（明日香出版社）がある。

年収300万円から脱出する「転職の技法」

2023年5月10日　初版第1刷発行

著　者——森田　昇

発行者——張　士洛

発行所——日本能率協会マネジメントセンター
〒103-6009 東京都中央区日本橋2-7-1 東京日本橋タワー

TEL 03(6362)4339(編集)／03(6362)4558(販売)
FAX 03(3272)8127(販売・編集)
https://www.jmam.co.jp/

装丁・本文デザイン——吉村朋子
本文DTP　株式会社RUHIA
印刷所———広研印刷株式会社
製本所———ナショナル製本協同組合

ISBN 978-4-8005-9098-5　C2034
落丁・乱丁はおとりかえします。
PRINTED IN JAPAN